教师公文包
教师必备知识丛书

休闲时光

管清海　施秀华　编

航空工业出版社
北　京

内 容 提 要

本书以教学为目标，分别收入了物品收藏、制景插花、鸟鱼饲养、摄影技艺、钓鱼技巧、菜肴烹调、跳交谊舞等内容，精彩丰富，极具趣味性、参与性，让教师及学生在闲暇之余丰富自己的生活，同时开阔孩子的思想、提高教师自身知识，又丰富广大教师的课余生活，是辅助教师教学的必备选择。

本书针对中小学教师读者为主，对中小学教师提升自身素质和专业技能有所帮助。本书可作为教师培训教材，也适合图书馆收藏。

图书在版编目（CIP）数据

休闲时光 / 管清海，施秀华编. -- 北京 : 航空工业出版社，2019.1（2022.3 重印）
ISBN 978-7-5165-1807-6

Ⅰ. ①休… Ⅱ. ①管… ②施… Ⅲ. ①中小学一教师素质一素质教育 Ⅳ. ①G635.16

中国版本图书馆CIP数据核字(2018)第298552号

休闲时光
Xiuxian Shiguang

航空工业出版社出版发行
（北京市朝阳区京顺路5号曙光大厦C座四层　100028）
发行部电话：010-85672663　010-85672683
永清县晔盛亚胶印有限公司印刷　全国各地新华书店经营
2019年1月第1版　2022年3月第2次印刷
开本：710×1000　1/16　印张：10.5　字数：160千字
印数：5001—11000　定价：32.00元

目　录

物品收藏

制景插花

鸟鱼饲养

摄影技艺

钓鱼技巧

菜肴烹调

跳交谊舞

物品收藏

教师必备知识丛书

集邮常识

物品收藏就是根据个人爱好，将某一类物品（或某一专题的物品）精心收集、保藏，以供观赏、研究等的一种高层次的文化娱乐活动。它是通过对某一类感兴趣物品的收集、保藏、鉴赏、研究、玩味、展示等方式，丰富人们的休闲文化生活，使人们得到美的体验，增长知识，开阔视野，加强感情交流，广交朋友。

集邮是一项情趣高雅的群众性文化活动。邮票也以其特有的魅力吸引了数亿痴心不改的爱好者。邮票具有深刻的思想性，每一枚邮票不仅是邮资凭证，它又因其发行数量大和一定的流动性而成为宣传工具。邮票上的图案、相关文字体现的社会价值、思想内容潜移默化地熏陶着集邮者的思想。邮票富有艺术性，它运用油画、国画、版画、素描、剪纸、摄影等多种艺术表现手段塑造出完美、生动的艺术形象，在方寸之间将人们生活内容、审美理想表现得淋漓尽致，产生出完美、和谐、富有韵味的艺术效果。

邮票的知识性十分突出，蕴含着丰富的文化科学知识。在邮票上我们可以学习到自然科学知识，也能感受到社会学、史学、民俗学、美学、文学等方方面面丰富的内容。邮票是一部丰富的百科全书，邮票还是“微型博物馆”，它记载了政治、经济、文化、科学、军事等重大事件，它还是研究各国社会历史的重要参考资料。五彩缤纷、琳琅满目的邮票把集邮者带进一个充满乐趣的园地里，集邮会集有所学、集有所思、集有所得，从而调剂精神、陶冶心灵，焕发青春活力。

集邮的范围

一谈起集邮，一般人总认为就是收集邮票。只要收集邮票就是集邮，这是对集邮的狭隘理解和肤浅的看法。对于集邮家和集邮资历较老的人来说，集邮绝不单单是收集邮票，集邮与收集邮票不能画等号。特别是随着集邮品的增多，集邮的范围已是一个广阔的天地。概括起来，集邮的范围可分为：邮票类、封类、片类、戳类、邮政用品和邮政史类、集邮纪念品类。

邮票。根据不同用途，邮票可分为普通邮票、纪念邮票、特种邮票、航空邮票、欠资邮票、军用邮票、附捐邮票、快递邮票、稿件邮票、邮政公事邮票、挂号邮票、回执邮票、专差投递邮票、火箭邮政邮票、保价邮件邮票、保险邮件邮票、宣传邮票、悼念邮票、贺年邮票、捐税邮票、电报邮票、包裹邮票、福利邮票等，以及小全张、小型张、小版票、小本票、盘卷邮票、电子邮票等。

封。主要指上面贴有邮资或印有邮资的信封。封有实寄封、首日封、邮资信封、纪念邮资信封、美术邮资信封、相关实寄封、极限首日封、首航封、航空邮资封、邮电公事封、预付邮资封、特许邮资总付封、寄件人总付邮资封、军邮免费封、迎春封、邮币封、镶嵌封、混贴封等。

片。主要指各式各样的明信片、邮折、邮卡、邮简等。片，有明信片、双明信片、美术明信片、军邮明信片、纪念明信片、免费明信片、首日片、国际明信片、风景明信片、极限明信片、贺年明信片、回执明信片等，以及纪念邮票卡、特种邮票卡、邮简、邮资邮简、纪念邮简、美术邮简、航空邮简等。

戳。主要是指邮政部门加盖在邮件和集邮品上的戳记。戳有邮政日戳、邮政通知戳、邮资已付戳、邮资机盖戳、滚筒戳、挂号戳、回执戳、无着邮件戳、机要戳、免费戳、售箱开出戳、欠资戳、退信戳、军邮免费戳、火车邮局戳、轮船邮戳、首日纪念戮、集邮纪念戳、风景邮戳等。

邮政用品和史料。主要指邮政单据、航空签条、挂号签条、邮局代封券、封口纸、包裹单、邮资条、特快专递签条、保价信函封志等，以及各种邮政资料、公文、新邮报导等。

集邮纪念品。主要指纪念张、纪念卡、邮票艺术瓷盘、集邮纪念像章等。

集邮的方式

集邮的方式有多种，大体可分为：传统集邮、专题集邮和其他方式。

传统集邮。不要说全世界，就是一个国家，从发行第一枚邮票开始，依照发行的邮票目录一枚不缺地全部收集齐全，即使对于一个资历较老的集邮家来说，也是十分艰巨的。显然，依照这种传统集邮方式收集邮票，对于现今的普通集邮者来说，更是根本办不到的事情。但是，传统集邮方式如果细分起来，又可分为：按一个国家或地区所发行邮票的时间先后，同不同体系邮票分别组合，形成系列集邮，如人物邮票、航空邮票、附捐邮票等；按某一时期或某一特定时间发行的邮集收集组合，形成断代集邮，如中国清代邮票、中国解放区邮票、中华人民共和国邮票等；按 1875 年以前世界范围或某一国家、区域发行的邮票组合，形成古典集邮。

专题集邮。与传统集邮方式相比较，专题集邮方式比较年轻，并具有强大的生命力。第二次世界大战前，专题集邮方式就已经出现了。当时没有引起集邮者的多大兴趣，甚至在第二次世界大战结束后，这种集邮方式依然没有得到重视和发展。随着时间的推移，年轻的集邮者越来越清楚地意识到，依照传统集邮方式收集邮品，组织邮集，越来越艰难，于是，纷纷转向专题集邮。

采用专题集邮方式，可以根据集邮者的不同兴趣和爱好，专门收集不同专题或主题的邮票，组成丰富多彩的主题邮集或专题邮集。专题邮集方式细分起来，又可分为：按图案、按发行目的、按主题三种类型。

按照图案收集邮票，就是不管哪个国家发行的，不管是否成套，也不分时间先后，只要是图案内容相同，就可以收集在一起，用来组成主题邮集，如花卉邮票、鸟类邮票、航空邮票等；按照发行目的收集邮票，就是把为某一特定目的而发行的邮票，不分发行时间和地点，将它们尽可能多地收集起来，以组成主题邮集，如国际儿童邮票、“五一”国际劳动节邮票、奥运会邮票、国际通信年邮票等；按照主题收集邮票，就是按照自己确定的为反映某一事物（或人物）的主题思想，构思成一个完整而生动的故事，然后，将与这一主题有关的、在故事情节中所涉及到的邮票，不管发行时间和地点，不管发行目的，也不管是否成套，尽量收集起来，组成专题邮集。专题邮集必须先写出脚本。它同连环画形式差不多，以邮票为主，用精练的文字把故事连接起来，阐明主题。

专题集邮题材广泛、内容丰富，讲究科学性与艺术性有机地结合，要求集邮者既具有较高的邮识水平，又要有较深厚广泛的文化知识。一部好的专题邮集，就是一部很好的教科书，如《飞机的故事》《轮船的故事》《电话的故事》《从猿到人》等，读这样的专题邮集，会感到津津有味。

不论组织主题邮集还是专题邮集，在选取邮票时，应尽量注意邮票图案主题和所表现的内容都要与主题（或专题）邮集直接有关；如果邮票图案主题与主题（或专题）没有直接关系，仅仅涉及某些有关的形象，虽可收集但并不理想；如果邮票图案主题与主题（或专题）邮集只是抽象关系，那就更不理想了，应尽量少收集或不收集。

其他方式集邮。集邮并不单单是收集邮票。收集邮票组成邮集，这是一种集邮方式。如果不以收集邮票为主，而从收集邮戳、邮政用品、邮政史料等为主，也可以组成邮集，参加邮展，这是集邮不可缺少的一个组成部分。拿收集邮戳来说，它既可以同邮票组成专题邮集，又可以单独成集。例如，以万里长城所处各地的邮局戳组成一部《万里长城邮戳集》，也是十分生动的；用邮政明信片、邮资封、邮简、邮政签条等邮政用品，也可以组成一部生动的邮政史邮集。

邮票的种类

邮票的种类很多，分类方法也各不相同，笔者仅从邮票的发行，使用和保存作些介绍。

1. **特种邮票**。没有明显的时间性，主要围绕一个特定的内容而设计发行的，发行的时间并没有严格要求。

2. **纪念邮票**。具有较强的时间性，是为纪念某个有意义的重大事件而发行的，对发行的时间有严格的要求。

3. **普通邮票**。普通邮票在邮政中有着重要的作用。收集普通邮票并不容易，邮电部发行一套较多的普通邮票一般不是一次全套同一时间发行的。

4. **信销票**。是指用于邮政通信中信封上的邮票，有邮戳痕迹，如从信封上取下来，因背胶受损，也不能算新票。

5. **盖销票**。是邮电部门专门为集邮者准备的经过盖销和处理的邮票，售价低于新票，不能作为邮资使用。

6. **连票**。是指两枚或两枚以上连在一起的邮票，各枚之间仍有齿孔分开，或不打齿孔，以线条分开。

7. **对倒票**。是指两枚相同或者不同的邮票颠倒排列印制而成的邮票，对倒撕开以后，看不出原版的对倒排列关系。所以不应该撕开收藏。

8. **附票**。附票是和邮票连在一起印刷的一种票形图案，附票的形状和该套邮票形状相似，但没有面值，也没有邮政标志。

9. **对剖票**。将一枚邮票分成两半，剪开成两枚邮票使用，可以是斜角对剖，也可以是平行对剖，不宜从信封上撕下来的邮票。

10. **磷光邮票**。是指会发光的邮票，另外一种会发光的叫荧光邮票。

11. **小全张**。一般是指在即将发行纪念或特种邮票时，将全套邮票一起印在一张较大的纸上，周围饰以精心设计的图案花纹。

12. **小型张**。票幅和小全张相似，但上面只有 1 枚邮票，一般是单独设计的，面值也是另定的，往往邮票是整个画面的一部分。如果把邮票撕下来，整幅画也不复存在。

13. **小本票**。是指将若干枚单一或多种面值的邮票连印，订成小本，装饰封面，这样出售和使用都比较方便。

14. **小版张**（小开张）。是一种尺寸比较小的整版邮票，有的小版张是除了一般的全张另外专门印制的。

15. **附捐邮票**。是一种除了邮资以外还带有附加金的邮票，这种附加金一般用于福利慈善事业的捐款。

16. **航空邮票**。一般的邮票也可以用于邮资寄航空邮件的，但各国还是专门印制了多枚专门用于航空信件的邮票。

17. **欠资邮票**。欠资邮票是当寄信人没贴或没贴足邮资，邮局按所欠的邮资贴一种专门的邮票在信件上。以作为向收信人补收邮资的凭证。

18. **军用邮票**。是专供现役军人免费寄递邮件用的邮票，邮票上无面值。

19. **加盖邮票**。在已有的邮票上印上新的文字或新的面值，就成了一种新的邮票。

20. **错票**。是指由于设计的原因，使邮票的画面出现了与历史或者现实不相符合的错误，一般是轻微的错误，并得到邮票发行部门和集邮界的认可。

21. **变体票**。实际上是错票的一种，但它不是设计的原因，而是印刷过程中的错误造成的。

邮票的计量单位

枚。单枚邮票因其小得不能再加以分撕，而且具有其独立的功能，所以“枚”是邮票最小的计量单位。

张。张可以分为印刷全张和邮局全张两张。一个印刷全张是邮票印刷厂的邮票印刷机印筒每转动一周所印出的印张；而邮票印刷厂以成品形成正式交邮局出售的整张邮票称为一个邮局全张。

版。其实也就是邮局全张，它可反映出邮票印刷的制版情况，一般每版票四周都带有边纸。版票计数比较方便，而在大宗邮票交易中版票价值一般都比较高。

连。数枚邮票没有分撕开连在一起称为连票，但是连票不包括全张。而由于连票的形状和枚数的不同，就有方连、长连、直连，多连等不同的名称。连票有同票相连，如：97—1 牛年八方连，也有异票相连，如 96—3《沈阳故宫》。

格。由于设计或印刷工艺的要求，印版上的模被排列为若干个区间、印刷成邮票后就成为若干四周都有边纸的连票，就称为“格”。而格与格之间的边纸就称为“过桥”。

方连。是同票相连的形式之一。直横各行邮票的枚数相同，组成整齐的方形称为方连；可以整个枚数表示，如“四方连、九方连……”直行、横行、枚数不同，组成矩形也可称为方连，而由于横行、直行枚数不同，可以加注表示，如“八方连（4×2）”即横行是四枚，直行为两枚。

套。在一定时期为表现一定的主题的若干枚（或单枚）图样不同的邮票的总称叫套，如“T136《恒山》”。一套邮票通常是选题、印刷、发行一次完毕，具有独立的志号，而当某一题材比较大时，邮票就要以组的形式分期发行，每次发行的邮票即为一组，如“古典文学《水浒》。”

本。邮票中只有“小本票”以“本”来计量，因此“本”是“小本票”的特定的计量单位。我国发行的小本票常在封皮上加印图案，设计者照片和有关的文字介绍。如“T68《紫貂》”小本票。

盒。是小型张、小全张邮票特定的封装计量单位。通常一盒内装100张。而在每盒的标签上标有邮票的志号、名称、图号、面值、张数等。

包。包是邮票厂将邮票成品封袋交货的计量单位，通常按每100或每500个邮局全张封一包。每包的封皮标签上标有该包邮票的志号、名称、图号、面值、张数及每个邮局全张枚数和整包枚数等。

邮票的收集与整理

一个集邮爱好者，应该怎样开始收集邮票呢？首先要明确集邮的目的和意义，有了明确的集邮目的，才会使自己少走弯路，沿着一条正确的集邮道路发展。在我们国家，广大集邮爱好者集邮的目的是为了增长知识，陶冶情操。许多集邮爱好者，当初都是被这“寸方艺术”所吸引，开始集邮。

集邮目的明确了，开始收集邮票时，先要根据自己的经济条件、个人爱好，制定出收集邮票的内容和方法。现今世界上已有30多万种邮票，如果漫无边际地去收集，不仅要耗费大量的精力和财力，而且也不可能取得预期的效果。世界著名的集邮家费拉里（1848—1917年），从11岁开始集邮，当年他依仗家庭巨富，决心要收集全世界发行的邮票，为了达到这个目标，尽管他进行了顽强的努力，但最终还是未能实现。要知道，费拉里所生活的时代，世界上发行的邮票还不足10万种，那时的古代邮票也没有现在这么昂贵。现今，如果集邮者也雄心勃勃地提出费拉里的那种目标，这是根本不可能办到的事。因此，集邮爱好者在一开始收集邮票时，就应实事求是，量力而行，最好遵循“先里后外”“由近及远”的八字方针。

“先里后外”主要指在收集邮票时，一般多是先从收集本国邮票开始，然后根据集邮主题的需要，再扩大为收集外国邮票。这是因为本国邮票一是好收集，二是邮票图案所反映的人和事也比较熟悉，三是无语言障碍，便于研究。

“由近及远”指在收集邮票时，先着手近期发行的邮票，近期收集齐了，再根据实际情况，不断向远期发行的邮票扩展。这是因为近期邮票可以经常见到，收集起来比较方便。一般来说，邮票发行时间距现今越长远，越不易收集；如果用钱购买，价格也贵，财力达不到，硬要追求，也是不现实的。现今刚开始集邮的同志，应先着手收集近期发行的“J”字头票、“T”字头票；继而收集编号邮票，“文”字头邮票等。当然，并不排除在收集近期发行的邮票的同时，也兼顾收集较远期发行的邮票，但一定要量力而行。

明确了收集邮票应遵循的方针，还应该讲究收集方法。收集邮票的方法大致有三种：一是寻找、二是购买、三是交换。

寻找：指从旧的信封上或其他邮件上寻找自己所需要的邮票。收集时，不要直接从信件上往下揭撕邮票，要用剪刀将邮票连同信封部分一起剪下。剪下的邮票，可泡入温水中浸洗，待邮票与封皮纸脱离后，再轻轻洗净邮票背面上的浆糊或胶水，然后晾在吸水的白纸上，待即将干时，夹放在书里压平。这种收集邮票的方法，最简便、最省钱，特别是刚开始集邮的青少年，如果经济条件不好，最好采用这种方法。但一定要注意，在寻找邮票时，要懂礼貌、讲道德。当你发现有的信封或邮件上有自己喜爱的邮票时，一定要征得收件人的同意，然后再将邮票剪下。如果不择手段，擅自将邮票撕下，甚至偷偷地将他人信件销毁，这不仅是不道德的行为，而且是违法的。

在收集邮票的过程中，如果寻找到旧的或年代比较久远的信封时，先不要急于剪下上面的邮票，最好连同信封一起保存，请懂行的人看看，或自己翻阅一下有关集邮图书，查一查这枚信封连同邮票的实际价值。因为一枚有价值的实寄封，是很难得的。它上面记录的史料，要比单枚邮票详细得多，切勿因一时不懂，一剪刀下去，再后悔也来不及。

购买。集邮总是要花钱的，不花钱而单靠找邮票集邮，很难取得突出成果。为了充实和提高自己邮集的水平，购买一些邮票是十分必要的。我国各地的主要城市，大多设有集邮公司或集邮门市部，到那里可以购买自己所需要的邮票。如果你所在的地方比较偏僻，连集邮门市部也没有，可以依靠自己在外地的亲戚朋友，请他们帮助购买，或请去大城市出差的人给代买。另外，还可以写信给自己所在省的邮票分公司或北京的中国邮票总公司，办理邮购。购买邮票时，一定要注意挑选品相好的邮票，品相不好的邮票，可以当面向营业员调换。

交换：在收集邮票过程中，常出现同一种邮票有好几枚的情况，这些重复的邮票，集邮爱好者称它为“复品”。集邮者常常从这些复品中挑选出自己最中意的收藏起来，其余复品便用来同邮友们进行交换。交换是集邮爱好者互通有无的重要途径和手段。交换复品最好找自己认识的邮友，或当地的集邮爱好者，这样便于当面协商。交换中，要发扬互相帮助，助人为乐的精神，不要斤斤计较，更不应想去占别人的便宜。与外地邮友进行通信交换，一定要讲信誉；商定交换的邮品，要保质保量寄给对方。只有这样，才能在交换中取得互相信任，从而建立长期的友谊。同国外邮友进行通信交换，还应该注意国家在集邮方面的有关规定，千万不能干出违犯国法的事。

收集到了邮票，不加整理，杂乱无章地堆放起来，这是集邮者最忌讳的事。如果自己已经确定了收集范围，比如文学艺术、科学技术、动物、植物等，那就要分门别类及时进行整理。分类整理邮票，也是进一步熟悉邮票内容的过程，这对搞好专题集邮或主题集邮大有帮助。

邮票的保护和防护措施

集邮者都十分珍爱自己的邮票。要想使邮票图案保持清洁，鲜艳如初，使齿孔和票面完美无损，就必须采用科学的保存方法和防护措施。

收集来的邮票，有人随手夹在书或笔记本里，这不好，原因有二：一是不便于欣赏和拿取，二是容易损伤和沾污。保存邮票最理想的地方，应该是邮票册或护邮卡片（也称护邮袋）。邮票册一般分为三种：一种是插册，内有一条条透明玻璃纸构成的纸槽，这一行行的纸槽就是邮票的住处；第二种是贴册，上面印着浅色的格线，便于贴票和书写文字，国际通用的规格是 215 毫米×280 毫米，常为活页，因此单页也称贴片；第三种是装订成册的带有邮票目录的贴册，开头有全册邮票的目录。在贴册内，对每套邮票都有简要的文字介绍，如邮票的名称、齿孔、面值、发行日期、发行数量。

刚收集到的邮票，可以暂时保存在插册里，以备进行分类整理。插册虽然存取邮票方便，但也有很多不足之处：插册容易翘曲，使玻璃纸槽出现松紧不匀，邮票插在里面，有的松弛，有的卡得很紧，常会造成邮票脱落或折损。插册里的邮票如果经常移动，插来插去，容易使邮票的齿孔受到损坏。玻璃纸容易吸湿，潮湿季节，就有使邮票粘连在邮册上的危险。

已经整理分类的邮票，最好放进贴册里。活页的贴册，既便于集邮者在整理编排邮票时充分发扬自己的审美观点和艺术创造力，也适宜长期保存。如果集邮者确立了一个专题，将与这个专题有关的所有邮票都编排在贴册里，并且写上简要的文字说明，这就成了一部专题邮集。这部邮集，还可以根据自己收集邮品的不断增加，逐步进行充实和提高。

邮票目录贴册，首先向集邮者提供了这册邮票的简单目录，邮票的布局早已固定，并印着有关邮票的文字资料。集邮者收集的邮票，只要是属于本贴册的范围，那就对号入座好了。缺少哪一套、哪一枚邮票，也会清清楚楚。美中不足，这种贴册采取存放邮票的方式，因预先都设计好了，集邮者已无法发挥自己的创造性，整个邮册显得死板，不生动。

护邮卡片即人们常说的护邮袋，这是一种暂时存放邮票的地方。集邮者常把复品存放在护邮卡片里，在同邮友交换时，可避免把邮票损坏和弄脏。

在收藏邮票时，除了注意给邮票选择理想的住所外，还应注意：①在拿取邮票时，一定要用集邮专用的镊子夹取，不要用手直接拿，免得把票面弄脏。②有背胶的邮票不要相互重叠在一起，特别是整版邮票或小型张，最好在两票之间加一张白色衬纸，避免邮票受潮、相互粘连在一起。③一定要把邮票存放在干燥、通风、阴凉的地方，避免受潮、受热和暴晒。④要防止其他物质和气体的侵蚀。邮票受到酸性或碱性物质侵蚀时，都会变色或褪色；受到煤气、沼气、化学药品散发的气味侵蚀时，日久天长也会变色或生霉斑。

邮票上一旦出现沾污、皱折时，可采取下列科学方法进行治疗：

去污点。如果邮票上沾有油污，可先把邮票放在玻璃板上，然后用一根牙签或火柴棍捻上一点药棉，蘸上溶剂汽油，轻轻擦洗票面脏的地方。待汽油挥发后，用温水泡一下邮票，然后放在玻璃板上，用一支新毛笔蘸一点肥皂液，轻轻在邮票沾污的地方擦一下，再放进温水中洗去皂液。邮票上沾污处被洗净后，将邮票放在吸水性好的白纸上，晾干后压平整即可。

除皱折。邮票上出现皱折，只要是不死折，就可以用弄潮湿的白纸或干净的白布，捂压在邮票上，当皱折已经舒展后，再放进白纸本中压平整。如果是有背胶的新票，在进行上述“治疗”工作前，先在票背上衬一张比邮票大的、平展的香烟锡箔纸，这样既可以保护背胶，又能防止邮票背胶与纸本粘连。

另外，往邮册里存放邮票，一定要选择天气晴朗、空气干燥的时候进行，决不要把受潮的邮票存入邮册，以免邮票背胶与邮票册发生粘连或产生霉点。在潮湿的南方，为了防止邮票受潮产生霉斑，最好在雨季前干燥的好天气，将邮册晾一晾。晾时将邮票册竖起，使里面的邮票册页成半圆形散开，让干燥的气流驱除邮票册里的潮气；约 20 分钟后，即可将邮票册装入塑料袋中保存；切忌在太阳光直接照射下晾晒，免得邮票褪色。

集报知识

报纸，是新闻的窗口，是时代风云的忠实记录，是知识的海洋，是历史春秋的详尽荟萃。

集报，是一项有目的地收藏报纸，搜集资料，综合信息，汇集文萃的全方位的活动，是有计划地对报纸进行收集——整理——研究——著书立说的跨学科的活动。

集报，一句话，就是收集报纸，收集人类社会历史发展的宝贵文献资料。

集报的十大原则

一、定向原则。要有明确的目的性，不可无目标地进行，要定向地确立专题或学科。

二、择优原则。善于利用“优选法”择优取材和沙里淘金，不可“瞎子吃肉块块好”。

三、统筹原则。从横向、纵向上来考虑，统筹兼顾，所集取的资料应有综合性。

四、价值原则。要能体现学习价值、研究价值、实用价值和经济价值。

五、时效原则。既要及时，又要眼勤手快，还要能历经时间的考验。

六、认真原则。细心认真且对文题、作者、姓名、报名、期版、年月日等都得要作好记录。

七、全面原则。应在“集古藏今、博览群报”的基础上力求达到全面性。

八、求新原则。应注重获取新知识，这就得不断收集新动态、新问题、新学科等新资料。

九、分类原则。如集而不分，也就等于不集，应按内容、专题、学科进行剪辑、分类、粘贴、装订成册，按一定的系统做到主次分明、心中有数。

十、持久原则。“滴水成河，聚沙成塔”，要锲而不舍，持之以恒。

我国集报的七个方面

近几年来，不断创刊、复刊、停刊的各种报纸，永无止境地刺激着集报迷的收藏欲，集报活动随之兴起。目前，我国的集报活动正以其收藏的群众性和新闻资料的价值性快节奏地发展，在十大收藏中仅次于集邮而位居第二。

集报包括七个方面：读报、藏报、剪报、评报、展报、研报和用报。

读报。收集来的报纸，首先要通读一遍，然后根据自己的需要，是否要剪报、藏报、评报和用报，可以说，集报必读报，读报促藏报。

藏报。目前，我国尚无专门的报纸博物馆。由于各方面条件的限制，现在图书馆、博物馆等还不能把所有有价值的报纸都收藏进去，有相当数量的报纸尚需由个人收藏。个人藏报，已成为国家藏报的重要补充。

剪报。据调查，有82%集报者喜欢剪报，把对自己有用的文章，从报上剪下来分类贴在剪贴本上，供自己学习、写作、欣赏之用。剪报是一种直接获取知识提高自己的好方法。

评报。评论报纸的风格、特点，评论报纸的宣传导向是否正确，评论报道内容是否具有可靠性、针对性。具体评报时，还可分专刊、专版、专栏、专文、专图等。集报者的评报活动在新闻界产生了广泛的影响，集报评报是一项很有意义的活动。

展报。举办集报展览，展示自己的集报成果，扩大报纸在社会中的影响，是集报爱好者、新闻工作者、新闻爱好者互相观察、切磋的好机会。

研报。为了提高自己的文化修养，写出具有一定水平的研报文章，必须有目的研究报纸。如报纸的风格、特点、专版、专栏等等。

用报。集报的最终目的是为了用报。用于指导自己的学习和工作。集报用报立志成才，已成为集报爱好者追求奋斗的目标。

集报应重在利用和研究

所谓集报，就是根据自己的兴趣和爱好，收集各种类别的报纸，通过交流、积累和整理来增加收藏，便于学习、研究和利用。它既是一项高雅的业余活动，又是一门综合的研究学科。因此，集报的目的在于研究和利用。

报纸不同于邮票、火花和烟标等类物品的收藏，因为它的内容包罗万象，无论从自然科学到社会科学，还是从日常生活到时事新闻，容量大，时间长远，再者它又不易随身携带着去交流，这就要求我们集报者根据自己的爱好、水平和需求选专题和研究报纸。如爱好报刊史的可以精心研究报刊的历史；爱好文学的多研究各报的副刊特色；喜爱报头艺术的，多研究一下报头书法的由来……诸如此类的研究和探索，只能使你的精力愈加旺盛，还会随着你的报种的增加而收获增大，生活更充实。

集报也在于利用。光集不用，只算作为收藏者。反过来，你若将一些优秀文章摘录发表，或使一些优秀文章不至于埋没在发行量小的报上，使更多的读者受益，摘编，推荐给大报社，或根据本职工作，参考有价值的资料，撰写一些论文和文章来，或就近与有关部门联系，利用节假日布置一次集报展览，既宣传了集报，又活跃了节日气氛，还开阔了大家的视野，一举多得，何乐而不为？

其他收藏

钱币收藏

收藏钱币是一种以收集各种类型的钱币品种为目标，以对钱币进行鉴赏、研究为目的休闲娱乐的文化活动。

收集钱币可以分为两大类，一种是收集古币，即收集、研究我国各个朝代、各个时期不同形态的钱币，以丰富自己的各方面知识。另一种是收集各国现行货币，以开阔视野，从对各国风俗人情、山川地理、人物历史、语言文字的了解，增长自己各方面的知识，给生活带来一定的乐趣。

收藏钱币同收藏其他物品一样，都有藏品增值的问题，这是需要正确对待的。一般来说，以符合收藏规律的方式，适当地利用藏品的增值作用，以利更好地进行收藏。千万不要在收藏钱币中钻进钱眼中，与孔方兄难舍难分，那就是舍本求末，与休闲内容本身不相符了。

收藏钱币需具备一些基本常识，这里主要介绍一下中国古钱币史、古钱鉴定、古钱的保养三方面基本常识。

中国古钱币起源于夏商，到春秋战国时，产生了各种形态的货币，其中主要有贝币、布币、刀币、环钱四种。

1. **贝币**。

中原地区很早就使用贝币。最早的贝币是天然海贝。在殷商时期贝币被广泛使用。到了商代晚期出现了用青铜铸造的铜贝，因其无文字，称之为无文铜贝。这是中国最早的金属铸币，也是人类最早的金属铸币。东周时期出现了包金铜贝（将一层极薄的黄金包在铜贝上）。战国时期的楚国铸有称“蚁鼻钱”或“鬼脸钱”的铜贝。

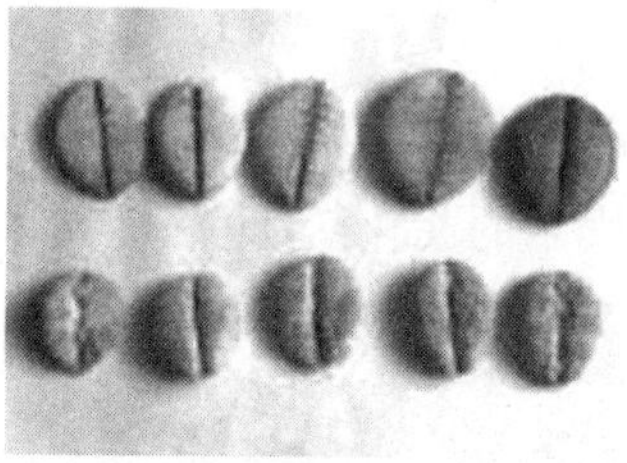

2. **布币**。

在商周时期，农具铲在商业交换中逐渐取得了货币的资格，于是就仿照铲形而铸行货币，“鎛”是一种铲形农具的名称，因“鎛”与“布”同音，故称“布币”。布币都是用青铜铸造，主要流行于春秋战国时期的三晋及附近地区，形制不断发展演变，主要分空首布和平首布二类。空首布是春秋时期使用的，到了战国时期，铸造平首布代替空首布。

3. **刀币**。

春秋战国时期，东方渔猎地区和手工业较发达的地区从一种叫“削”的刀具演变铸造出“刀币”。刀币主要流行于燕、齐、赵等国。刀币均为青铜所铸。

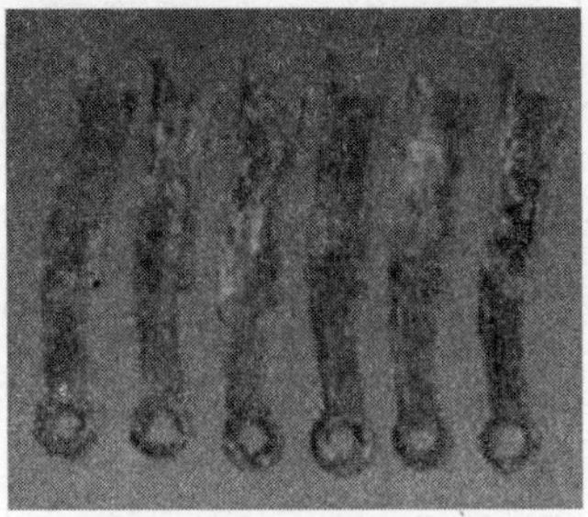

4. 环钱。

环钱的出现较贝币、布币和刀币要晚，主要流通于战国中期的周、魏、秦等国。环钱其原型说法有二：一为土石纺轮；二为玉环（璧）。环钱为青铜质，圆形，中央有圆孔或方孔，边缘有廓或无廓。钱上铸有产地或重量等文字，货币单位因不同地区而异，有“虸、化、两”等。与刀布币等相比，环钱便于携带和清点，因而取代了其他货币形状，成为金属铸币的最普遍的式样。

秦始皇统一了货币，废除刀、布、贝等币，以秦币代之。秦币分黄金和铜钱两种：黄金为上币，单位为镒，一镒为二十两，一般用于大额支付和献纳赏赐等；铜钱为下币，圆形，中间有一个方形的孔眼，其正铸有“半两”小篆字体，就是有名的秦半两。此钱极为珍贵，是古钱收藏者必藏之品。时至今日，真正的秦半两已很难得见，成了稀世之宝。

汉朝仍以黄金和铜钱为货币，但以铜钱为主。铜币主要有汉半两和汉五铢两种。汉初使用半两钱，汉武帝时统一于五铢钱。五铢钱是方孔有内外廓的圆钱，重量和钱面文字都是五铢。西汉末年，王莽篡权，短短的十几年中，对货币制度进行了四次大的改变，前后共发行货币 30 多种，最后由于“货泉”重五铢，与汉五铢钱同重同值，才被接受下来，得以流通，一直到东汉光武帝恢复铸行五铢钱止。

唐朝下令废止五铢钱，铸造了一种新式的方孔圆钱，其文为“开元通宝”。从此开创了以宝文名钱制，钱不再以重量命名。第一枚开元通宝的钱文出自唐大书法家欧阳询之手，书体接近隶书，又含楷意。不少开元通宝的钱背上有形似指甲痕的月纹，据考证是一种钱炉的识别标记。唐钱除开元通宝外，后来还有乾封泉宝，乾元重宝、大历元宝、建中通宝、会昌开元。其中会昌开元钱是以后“记地名”钱之始。

宋代钱的最大特征是铸钱数量多，种类繁多，钱文书体多样化等。宋代诞生的交子，是世界上最早的纸币，这在中国货币发展史上是一次进步。在宋朝时，中国北方的辽、西夏、金等少数民族政权也铸行过有自己独特风格的钱币，它们是中国古钱的一个不可分割的部分。

自秦以来，在中国流行达数千年之久的铜币均为方孔圆钱。但到了清代，它逐渐为铜元所取代。铜元是清末以来所铸的各种新式铜币的通称，它与传统的方孔圆钱不同之处是中间无孔，故又俗称“铜板”。清代铜元主要有两类：一类是广东造的“光绪元宝”，另一类是“大清铜币”。清朝末年还仿外国银元开始铸造银元。

收藏古币，对于各个朝代古币基本常识的了解是非常必要的，这对于鉴定古币有直接指导作用。但是，只从理论上了解是不行的，必须有实物来对照了解，才能真正把握。对于有些实物货币的鉴定还可参照一些图谱，因为真正的实物货币有些可以比较容易地见到，有些珍品是不易见到的。一些书籍上的图谱有的是原大，有的不是原大。对于一些不是原大的图谱也不要放过，虽说在尺寸上不是原大，但是在形制、纹饰、钱文等方面仍然有很大的参考价值。

1. **古钱鉴定常识。**

古钱鉴定，就是用科学的方法来分析、辨别历代钱币的真伪，包括铸造时代、流通区域、版别、币值、特征、形制变化和冶炼成分等。目的在于确定古钱的文物价值和经济价值。古钱鉴定是一门学问，而且是一门需花费很大精力才能掌握的学问。作为一种休闲方式的鉴赏来说，就需要在休闲生活中慢慢熟悉和掌握，不要过于着急。

古钱鉴定的依据是很多，也很繁琐，作为休闲方式的鉴赏，则要从主要依据入手，然后慢慢细品、逐渐掌握。其中的主要依据如下：

形文特征，不同时期或不同时代的古钱，在形制（指古钱的造型结构）和钱文（钱的文字书法）上都有自己的风格。古钱形文特征因为具有时代风格，才能从形文特征上鉴别其时代或时期。这是鉴定古钱币真伪的比较科学的方法。正因古钱的形文特征如此重要，所以古钱的作伪首先也是表现在钱币的形制和钱文书体上。因此在鉴定中一定要注意这种作伪的各种表现手法。

版别区分，凡形制和钱文极为相似的称为一种版别。古钱版别的形成原因主要是由于古钱铸钱工艺条件。研究版别可以对某一时期某一地区的钱币风格有深入了解，可帮助鉴别文字、形制与时代不符的伪品，也有助于发现罕见的古钱珍品。

铸币工艺，了解不同时期的铸币工艺，可以帮助在鉴定古钱时认识铸币工艺所反映出来的铸币质量、形制特征，甚至成色等时代特征。一些伪钱之所以在形制、钱文上留下种种破绽，很大程度上是对不同时期的铸币工艺所体现的特征缺乏研究，而且由于铸币工艺与古代不同或无法相同而缺乏那个时代的铸币工艺特征。因此，以铸币工艺为依据，是鉴别古钱真伪的重要方面。

除了上述主要依据外，鉴别古钱还有一些辅助依据，大体有以下几点：

辨锈，古钱因年代久远，表面会有铜锈。作伪者也正是看中了这一点，也用种种方法做出伪锈，以假乱真。因此，辨别铜锈的真伪也是鉴别古钱的重要着眼点。真假铜锈的一个显著区别，就是真的铜锈深入铜质内部，与铜质紧密结合，而且不易剔除。而伪造的铜锈都是人为的涂粘加工，浮而不实，容易剥落。就是故意埋入土中生的铜锈，也易脱落。如果伪锈是因化学腐蚀而产生，则铜钱上的小砂眼会被腐蚀成坑坑点点，与真锈有明显的区别。

辨色，观察铜质自身的颜色，也是鉴别古钱真伪的重要方面。由于各个时期（时代）的铸币工艺和币材各不相同，因此铸币的成色就有区别，由这种成色的区别又能鉴别出铸造的时期或时代。如色泽青黄的古钱，一般来说是青铜铸造的，那就可以大致断定是先秦以来而明以前的铸币。而明代中叶以前的青铜铸钱，颜色带红。明清时期，开始用黄铜和白铜。如果发现早期的古钱是用后期才有的铸印材料铸造，即成色与时代不符，就有造假的可能了。

辨声，辨声就是依据钱币敲击后发出的不同声响，来辨别是否新铸的钱币。新铸的伪钱，未经氧化，其音尖脆，余音回绕。而久经流通的钱或出土的钱，火气已脱，音色均较深厚，余音短促。

辨味，出土的有锈色的钱带有一种土香，而伪造锈色的钱带有一种臭味或松香味、胶水味，用鼻嗅之也能辨别。

2. **古钱保养常识。**

古钱的保养是一项专门的技术，对于休闲者来说，对其所收藏的古钱也有一个妥善保养的问题，但只要了解一些基本常识就可以了。

对于古钱上的污泥，可用牙刷（或其他小刷子）轻轻刷去，然后用清水冲洗干净即可。处理古钱上的锈斑，可将古钱放在米醋盘中浸泡一昼夜，待铜锈脱落后，用刷子将残余的锈斑刷掉，最后用绒布擦干净。

收藏的古钱最好装在盒子里，各枚古钱之间用软质材料隔开，以免互相碰撞，然后用绒布包裹起来，放入盒中，置于通风避光处就可以了。欣赏古钱时最好不要用手拿，防止汗渍腐蚀钱币。对于一些较名贵的古钱，不要经常翻动，可制成拓片或照片以备欣赏。

烟标收藏

烟标就是平常所说的香烟盒，是卷烟商标的简称。烟标是伴随着卷烟生产而出现的，每种卷烟都有一个商标，即平常所说的牌号。

烟标不仅仅是一种包装品，也是综合绘画、摄影、书法及制版工艺和印刷技术具有独特风格的一种艺术品。烟标的实用价值是包装香烟，由于它又是一种艺术品，能给人以美的享受和一定的知识，因此它又有了收藏价值。烟标与邮票、火花并称为世界三大平面收藏品。世界各国收藏家都对烟标的收藏有浓厚的兴趣。

收藏烟标有益有趣，不仅能开阔人们的眼界，增长知识，了解历史，还能扩大社会交往，沟通各方面信息，增长情趣。因此在休闲生活中收藏烟标，是一种极有情趣的休闲方式。

据考证，世界上最早的一枚烟标是芬兰1860年出产的《小加农》牌，它比中国的第一枚烟标《老刀》牌要早42年。卷烟问世仅有100多年的历史，最早抽卷烟的是英国人。中国是全世界136个产烟国中五大烟草王国之一。我国从1949—1994年的45年中累计生产了45000多个品牌的香烟。每年在市场上流行的卷烟牌号有2500种之多。收集烟标热在我国仅仅有15年历史，目前已有近万人加入到烟标收藏大军中，并有20个省市成立了烟标收藏协会。一些民间出版的烟标刊物，如《烟标集锦》《楚天烟标》《东北烟标》《烟标文摘》也相继问世，据不完全统计，各地民间创办的烟标刊物总数已达250多家，并涌现出了一些颇有成绩的烟标收藏家群体。其中最有名的是江苏苏州的张家伟先生，他现已收藏130多个国家的烟标共计94000种。烟标藏品突破10000种的也已有40多人。

烟标收藏的特点是一次性投资较少，所以适合广大群众在休闲中收藏。收藏烟标同收藏其他收藏品一样，也需掌握一些基本的收藏知识及一些相关的知识，比如卷烟生产的历史及烟标的时代变化，收集烟标的渠道和方法等。只有对这些知识有一个大概的了解，才能有好的开头。

1. **烟标的收集方法。**

代收：可以利用亲朋好友的多方关系，请他们代为收集，由于亲朋好友散居各地，不仅可以收集到各地市面可见到的烟标，而且可以托亲朋好友到各地烟标市场代购到一些烟标珍品。

交换：对于一些自己收集到的重复烟标，可以通过广泛交换的方式，收集到自己所没有的烟标。

购买：目前，烟标的收藏已形成了市场，可以通过市场出售自己的烟标。

交流：有了足够的烟标复品或是丰富的藏品后，就可以进行更大规模的烟标交流活动，甚至可以进行国际性的交流。世界上收藏烟标的爱好者很多，美国、苏联（俄罗斯）、英国、日本、波兰、意大利、巴西、朝鲜等很多国家都有烟标爱好者。进行大范围的交流，特别是国际性的交流，可以迅速丰富自己的藏品。

交流与交换的不同之处是，交流比交换的范围要广泛，交流中不限于实物兑换，也可采取购买的方式。同时，交流必须是在自己的藏品构成一定的规模之后，而交换则不受此限制。

2. **烟标的鉴定方法。**

如同收藏古玩、书画、邮品等一样，烟标的收集过程中也同样存在着鉴别和断代的问题。要能准确鉴别和断代，就要多收集、多阅读有关卷烟史籍和报纸、杂志上的有关记载。通过对一些卷烟公司或厂家史料的掌握，准确地考证一些烟标的时代和真假。要注意掌握不同时期不同纸张的特点（即造纸和纸张成分的特点）；及不同时期印刷方法和技术水平；不同时期不同的卷烟包装方法和规格、制式等，这对于鉴别烟标是极为有利的。还要掌握一些重要的社会知识和文化知识，如何时颁布的自左向右书写规定，何时颁布的第一批简化汉字，何时颁布的汉语拼音方案，烟标中外文使用的情况等等，这对于辅助性地鉴别烟标，都是极有价值的。掌握一些不同时期装潢设计的时代艺术风格和特点，掌握烟标图案的时代特征等，这也都是鉴别烟标的必不可少的知识。

总之，烟标的鉴别也是较为复杂的，需要多方面知识的综合才能奏效。

据目前市场的情况看，从烟标的收藏目的出发，对烟标作伪的现象还未发现，因此烟标鉴定中辨伪的量不大。但是一些卷烟厂家和个人仿造假烟的现象时有发生，其使用的烟标也有伪造品，这也使烟标辨伪成了必要。

3. **烟标的保管方法。**

烟标的保管如有不慎，容易损害烟标的品位。旧烟标由于上面有污垢和胶痕，日久必相互粘联，容易损害藏品。收藏这类烟标时，应用软笔蘸清水轻轻擦去污垢和胶痕。擦时千万注意不能使烟标受损，擦后应阴干，切忌暴晒。烟标多为纸制品，故应注意防潮、防晒，以免纸质发脆、起皱。应在烟标存放处放适量的除虫剂，以防虫蛀。对于破损严重的烟标，应在后面衬一张同样大小的硬纸，然后用玻璃纸封起来。千万不能直接裱糊。

火花收藏

火花，就是火柴的商标。收藏火花，可以说是一种比较高雅的休闲方式，全国目前可能已有 10 万多人在不同程度地收藏火花，其突出标志是全国火花协会已经成立，也出现了《中国火花》等刊物。各地火花业务函购公司也不断增设和扩大。

在一定意义上火花可以说是邮票的姊妹，其形状及收藏意义二者有许多共同之处。只不过邮票是由国家统一印刷发行的，而火花则是由各火柴厂家自行设计印制的。如果说邮票除欣赏价值外有其作为邮寄凭证的实用性，那么火花的实用性也不亚于邮票，无数的人要使用火柴，而且比使用邮票的次数要不知多多少倍，火花的品种数量要远远多于邮票。而且，火花的发行由于受地区性限制，不像邮票那样统一发行，所以火花的收集就比邮票困难，正因为如此，收藏火花也就比收藏邮票要有兴趣。

火花的收藏价值集中体现在以下几个方面：

1. **艺术价值。**

火花是一种艺术品。火花的艺术性集中体现在它的图案上，火花的图案集中体现了绘画、书法、篆刻、印刷等多种艺术。如“园林火花”“名山火花”“京剧脸谱火花”“国画火花”“江苏漆器火花”“山石盆景火花”等等，其丰富多彩的艺术形式和内容，可以说是一个五彩缤纷的艺术世界。收藏火花也就是对这些艺术作品的一种收藏和鉴赏。

2. **实用价值。**

火花的实用价值首先体现在广告作用上。火花无疑是火柴厂家的宣传广告，这种广告一点虚假没有。你“嚓”地划根火柴，就知道它是否货真价实，然后你再看一眼火花，就知道它是哪家产品了，也就给你的再次选购作了导向。其次是它的宣传性，火花可以通过图案的内容起到各种宣传作用。杭州火柴厂曾经印制了一套宣传用电的火花，颇受农村用户的欢迎，浙江省电业部门曾一次订货110万盒。其发行量和使用人员的广泛性，是任何独立的宣传画难以达到的。而且这些除了在当时起到宣传作用的实用价值，随着历史的进展，还会显示出其历史资料的价值来。如我国在扬州建造鉴真和尚纪念堂时，就从日本浮士绘火花中受到启发，画出了表现鉴真东渡的精美壁画。

3. **增值价值。**

由于火花本身的艺术价值和实用价值的客观性，随着历史的推移，火花的增值价值也就日益显示出来。所以，收藏火花同收藏邮票的增值价值一样，其价值会不断增高。其珍贵性也就可想而知了。

火花发行的地区性及发行的特殊对象性，收集起来比较困难。这作为休闲性的一种生活寄托是格外能吸引人们的注意力的，由此人们在休闲中会忘掉一切不愉快的烦恼，把主要心思寄托在收藏火花上。

初涉收藏火花领域的人，也许对从哪些方面入手进行收藏一时有所不知，下面就简单地介绍如下：

从周围所能获得火花的渠道收藏。一是将自己使用过的，或是所能接触的人使用过的火柴盒收集起来。然后将火花剪下来，放到水里浸泡。过一定时间，视其能揭下来时，慢慢揭下，然后将火花上面的浆糊或胶水洗掉擦净、晾干，放在吸水纸上，半干后放在笔记本中压平。一张完整的火花就保存下来了。看似粗糙的或是同样的最好都尽量保存下来，以备若干年后再评议其价值，而重复的则可以作为与别人进行交换之用。

购买火花。一是到本地区或是临近的有火柴厂的地方去买，买时也要多买一些，以备日后交换用。此外，全国各地都有火花销售点，一般来说都是火柴厂家办的，可以用信函的方式进行邮购。通过这种渠道可以购买到许多珍贵的火花。

广泛交换。用自己多余的火花，建立广泛的交换渠道，也是收藏火花的重要方式。

也许在一些人看来收藏火花没有收藏邮票那样高雅、正规，其实这是一种偏见。收藏品的珍贵性就在于专一和坚持不懈，任何一种值得收藏的物品，只要长期积累，其价值都是可观的。生活中的美靠挖掘，收藏的范围也要靠独具慧眼地开拓。在休闲生活中，只要能对精神有所寄托，就尽管放松去做，就会从中发现生活的色彩是多种多样的，平凡的收藏中有着广阔的天地。

制景插花

教师必备知识丛书

盆景制作

制作盆景和插花雕花是一种高雅的休闲方式。平日里，制景插花，不仅可以美化环境、点缀生活，也有益于陶冶性情，增添乐趣。

树桩盆景

树桩盆景，顾名思义是以树桩栽于盆盎之中，形成景观，以供观赏。中国树桩盆景，以乔木居多，也有灌木或藤蔓类，以各种可供观赏的枯干虬枝木本植物为主，选择其萌发力强，便于加工，耐剪耐扎，寿命较长，成活容易，适应性强，根干奇特，花果艳丽的树种，仿效大自然树木造象的一种艺术缩影。有古朴嶙峋、葱翠劲健、潇洒清秀、清丽茂密、艳姿丰实、独具景色的特点。

树桩盆景的素材

1. **选材要点**。山水既有钟灵毓秀的胜地，也有平淡无奇的“散地”。同样，树木也有天生丽质和粗劣平庸之异。即便有些在山野很有观赏价值的树种，作为盆景用材，却并不合适。有些树种，叶质薄、光泽差，即便桩坯可观，仍算不得上品，有的树种干、枝、叶都好，但资源稀少，适应性也差，引种、繁育较难。这些都说明盆景树种素材有一定的入选标准。这方面通常应注意如下几点：

叶子细小，节短枝密，易发新芽，耐剪耐扎，适应性强，病虫害少，花艳果美，色泽秀丽。这八点中，前六点具有普遍意义，后二点是专指花果类的。

树材选择有以下几个因素在起制约作用：一是人们对自然认识上的局限性，二是时代风尚的倾向性，三是就地取材的乡土性。

选材标准是作为原则要求提出来的。有些树种通过盆栽驯化，其枝叶花果形态的观赏价值可以有所提高。生态习性方面的需求或弱点，也可以通过科学的养护措施来加以满足或改善。随着科技的日益进步，盆景树种资源范围必将陆续会有所扩展。

2. **素材来源**。树木盆景的素材来源不外乎两个途径，即上山挖掘野生桩坯和人工繁育小苗。

（1）老桩坯的采掘和培育。挖野生桩坯经常遇到的矛盾是：好的桩坯大多总是生长在难挖的地方，既费工，也不易保留根系。如何使野桩下山后能养活成材，应注意以下几点：

采掘时机：小型树桩只要做到栽种及时、修剪得法、妥善养护，除了高温和严寒季节，其余时间基本上都可以采掘。大中型老桩坯往往扎根较深，挖掘难度较大，以早春解冻后、芽口萌动前或秋后掘取为好。

采掘方法：先粗略删剪其过长枝条，稍加束缚，扒开表土，探明其侧根走向，注意留根。切断主根时应注意伤口平整。起掘后，先初步确定需要保留的枝条数量和高度，截去多余，以减少水分消耗。如一时无法装运，应先就近假植。

树坯的装运：短途装运，问题较小。如远途运送，装运前根、干所有截面伤口都应用泥涂封，喷水后最好套以塑料袋。车上应有覆盖，避免风吹、暴晒。

树坯的种植与养护：一般萌发力强的小桩坯，运回便可修剪上盆。上盆后放置于沙槽，注意遮荫，半月后可增加日照量。在新芽萌发前要控制浇水而着重枝叶喷水。一个月后可开始轻施薄肥，半年后可疏芽并作初步修整。大中型树坯不宜急于上盆，最好先地栽一年。

树坯在种植前，须按预定的造型框架审慎地截定主干、主根的长短，大体确定主枝的分布角度和高度（靠近这些截面处，是日后萌发力较活跃的部位）。并以清水冲洗去污，剔净腐杂质。如能用高锰酸钾2000倍溶液浸泡一小时消毒则更好。而后把树坯浸水一昼夜（皮层肥厚的树种无此必要），取出后将各个锯截面涂抹泥浆或以蜡封口。有条件者可用愈合剂封口。

场地要求空气流通、排水良好。凡朝北阴湿、闭塞的环境都不合宜。土质宜疏松、略带沙性。

种植时不宜浇水过多，种植后注意遮荫，喷水应防止地面过湿，要做到土温高、气温低，才有利发根。成活较难的可套上留有气孔的塑料袋，以保枝干经常湿润。芽口萌动后可增加光照。芽口稍壮后可扩大套袋的通风口以致全部拆去。半年后疏芽，拟作拉片造型者，则此时可将嫩枝作粗线条的定势处理。头年不能勤剪，也不要翻盆。生长不旺的树桩，当年可不绕扎。过早整枝不利于树势复壮。

若树桩采用后没有条件地植，也不防选用稍大泥盆上盆。底孔处理务必要排水良好，盆底可铺垫浮石碎屑或粗砂砾。盆上要求通气性和养分兼顾，盆底用粗土，近根部放细土。上盆后的水分与日照的合理调节是养护管理的重要环节。

树坯初次萌发的“水芽”，并不表明已经成活，因这种迅速发出的芽只是在消耗树干皮层原有的养分。一个月后芽不萎焉，而是日益健壮，才能说明底下已有新根供上养分了。

现各地民间对盆景树坯的采掘、培育都已积累了丰富经验，这是仅按一般常规略作概述而已。

（2）人工繁育树材。上山采掘固然是制作老桩盆景的捷径，但人工繁育盆景树材的长处又是野生桩坯所不能替代的。有些名贵树种都只有通过园艺繁育手段才能得到。而且在目前采掘野生桩坯已经过滥的情况下，大力提倡人工育苗尤其具有积极和深远的意义。我们不能竭泽而渔。现今树桩盆景最大的需求量是中小型，这些盆景既有利于现代居室的装点陈设，又便于参展运输，并且更适应外贸需要。这样做还可促进苗木生产的复苏，形成产销之间的良性循环。目前民间盆景种类大都是清一色的杂木类，这是一种“偏食”。只要条件允许，应是常绿与落叶类，针叶与阔叶类同时并举，不要急于求成，不要赶浪头。何况园艺繁育的枝材，用来制作中小型盆景，若干年后照样形成苍老的形态，也更有利于大批量生产，从长远观点看是很合算的。

用于盆景树材的人工繁殖手段，用途最广的是嫁接与扦插，其余如播种、分株、压条等方式较少采用。现择要略述如下：

嫁接，其好处有三：一是培育成型较快，二是根爪、干基部较合乎要求，三是有利于发挥砧木与接穗品性的优势。

嫁接的成活率高低取决于这样几点：

砧木健壮，无病虫害，接穗应选自树势强壮、无病虫害的中年母株，枝条组织充实。芽接的接穗必须具有当年新芽。枝接的，通常用二年生枝。

再是嫁接手法要正确，刀具要锋利，削面要平整，角度要合理，形成层要对准。接穗插入砧木切口，要密切结合，无缝合，无缝隙。扎缚物目前多用纸胶，地接应培土封口。

接后的日常管理，除芽接较简单外，一般都应注意日照、水分、除草、剪砧等方面的及时照料。如地面杂草丛生，接苗过荫，过于低湿或是腹接的砧尾任其大量萌发新梢，不作适当剪缩，或高温天气疏忽遮荫，都会影响成活率。

在盆景树材繁殖中常用的接法有如下几种：

腹接：在砧木基茎侧面斜接，五针松大批量嫁接多用此法。因接底贴近根际，又叫“根际接”。齐根际接活的新株就可能产生“自生根”，与砧木根系共存，叫“共砧”。这对日后造型露根的长势和观赏效果都很有好处。如腹接后加套塑料袋管理，及时换气，并注意遮荫，则四季可接。只能春接的老框框目前已被打破。

腹接的具体操作是：先除去砧木基部叶、芽，在离地约 2 厘米处，按 30 度的斜面下切，深可达 2 厘米许。接穗长 4~5 厘米，带有 1~2 个顶芽，保留上部针叶，基部针叶全除去。接穗一侧削成2厘米长的斜面，另一侧削成1厘米长的锲形斜面，而后将斜面长的一侧插入砧木切口，对准形成层使之密接，并自上而下加以扎缚、培土。

切接：将砧木离地面4~5厘米处切断，修平切口，选择皮层光洁一侧的切口，肩部斜割一刀，露出形成层，再垂直下切3厘米许，随即将接穗削面短的一侧朝外，插入砧木切口，推进到底，楔合致密。切口扎缚密封后，应套薄膜袋保持其湿润，以利成活。

嫩枝接：在接穗与砧木新梢组织部已充实并已停止生长的季节嫁接。接穗带有2~3个叶片，如叶子嫌大，可去其先端。接穗下段削成两边等长的楔形，将砧木的小枝在嫁接部位切断，用劈接法嫁接。盆栽接后应加套薄膜袋，移至半荫处度夏。此法用于花果盆景，有利于在同一母株上作多品种嫁接。

根际并接：将2~3株比较稚嫩的小树在主干近根际处通过靠接加以并合。如两株组合，接口削成平面，对靠；如三株组合，则作品字靠，上部枝叶略加删剪。此法简便易活，适合于小树作矮化大树型的速成培育。

根际靠接：有的树桩盆景是鸡爪形的偏根，有损完美，可用此法补救。方法是挖开树桩根际拟作靠接处的局部泥土，紧靠根基配植一株曲度得体的小树苗，对口于靠接部位各纵向切去2厘米长的韧皮部，对准形成层贴实，并加扎缚。接活后齐接口以上将小树尾梢作斜削面剪除。

削芽接：削芽时不用芽接刀而用切接刀，从芽上方切下，稍及木质部，第二刀在芽下方，对木质部斜切，取下芽片。选砧木平滑处削成与接芽同样大小的切口，深度也仅及木质部，角度略微倾斜，形成倒舌状，齐中腰切除舌尖，插入接芽，在芽眼上下加以扎缚。

五针松芽接：选取当年生秋梢壮芽为接穗，采用腹接法在黑松桩上作为枝接。此法既可秋接，也可春接，在江浙民间广为流行。其优点是活性好，管理简便。不足之处是五针松壮芽数量有限，只能作零星嫁接。

扦插是育苗中应用最广的方式之一。与盆景树材繁育有关的有硬枝插、嫩枝插、粗枝插、根插，其中最有价值的是粗枝扦插。诸如雀梅、榆树、水腊、枸杞、紫藤、忍冬、黄杨、海棠、罗汉松等类都可采用此法取得体态可观的速成素材。

播种、分枝、压条等方式与盆景取材关系不大，从略。

树桩盆景的造型

1. **熟悉自然**。熟悉自然是盆景创作的源泉。盆景造型虽然并不是模仿自然，但它又毕竟离不开模仿自然。模仿也就是拜师学艺。以口授为师，以书本为师，都有一定好处，也都有局限性。唯独直接以山川树桩为师，却是根本之根本，永不会过时。自然的生命源泉滔滔汩汩，足以让每一位真诚地有求于它的艺人受用不尽。师造化是盆景工作者的必由之路。乐于此道者必须对自然有真挚执着的感情。少了这个前提，实用主义地学，只可得其表面的真实，却未必能得到自然内在气质神韵的精髓，而这恰恰是最重要的。走马观花地浏览，所得的印象也只是浮光掠影而已。唯有忘怀得失、毁誉者，其志专而“外滑消”“然后入山林，观天性”，才会洞见山川草木灵异奇秀的精英。

2. **表现个性**。除非工艺品，不带个性的作品在高层次的艺术创作中是不存在的。艺品即人品。唐张彦远论画，所谓“外师造化、中得心源”一语，点明了内外因素的对应关系。“心源”是离不开人的天赋个性的。刘勰提到“情往如赠，兴来如答”，这种主客之间的感应对流，并不只是单方面纯客观的反映。人投向自然的情性是“百人百性”，所得的反馈同样是“百人百感”，这就是心源的差异，个性的差异。“古画画意不画形”，寻求的是一种抽象性的精神意趣。表象的细节真实被看作是次要的。历来国画品赏以形似为“能格”，以意胜韵高者为“逸格”。讲意胜韵高，就牵涉到个性、禀赋与涵养。情高者意高，性劣者意劣。而技巧只不过是为体现创作个性效力罢了。

个性是艺术风格的起点，树桩盆景没有个性，就无所谓风格，板桥先生说得好：“画到熟时似生时，更无真身有真魂。”这句话是一枚耐嚼的橄榄，值得细细品味。这里面所指的“真魂”并不只是一个意思。

3. **造型时机与工具**。树桩盆景的造型时机要依各种树材的生态习性而异。比如松科（植物分类是分科，科下再分属）松属的树种，大幅度的剪截造型以休眠期为好。这个季节伤口不流树液。枝条也比较柔韧，容易扭扎。冬季只要气温不近零点，松类是可以扭扎整形的。杂木类的修剪，可分别在初夏和8月上旬进行。入冬，则可在11月底至12月初作全面修剪。而耐寒力弱的树种冬季以少剪为好。花果类的剪枝更新，应在果落或花后进行。

造型的料具，主要有修枝剪、弹簧剪、老虎钳、手锯、圆凿、小锤子、棕丝，8~20号铅丝或铝线、胶布或麻皮、伤口涂剂这一些。用于雕凿修饰树干的国产刀具，其质量与性能跟国外先进的相比，还有距离，有待改进。

4. **艺象的总体把握**。树材确定后，形象思维就会进一步具体化起来，未来的艺术形象就会在脑子里浮现，这就是艺象的总体把握。如果这个预映的形象轮廓还不清晰，说明造型时机还不成熟。同一树材，造型方案的选择余地是宽裕的。选择的根据却只有两条：一是不能违反树木本身的自然属性，另一条是要渗入作者的主观倾向性。这两条是并重的。按庄子的话说，就是“以天合天”——以我之天性与树木的天性相契合。这即是最佳方案的优选法。违背这两个天性，肯定是别扭、不舒服的。

构思中要具体推敲主干的走向、体势，分枝的数量、方位，结顶的聚散斜正，根爪的稳健平衡，上下左右前后的空间结构。然后删去多余物，自下而上顺序造型。

5. **主干的基本型式**。主干是树桩盆景的脊骨，是带动左右前后上下的轴心，其体势在造型全局中起着中枢作用。其形式主要有如下几种：

(1) 直干式。别名立式（成都）、高耸型（广东）。树桩的主干挺拔直立，或微曲而立，树体较高，树冠较窄，枝叶疏落或稠密分层，不论株形大小，均具有一种顶天立地的气势。远观，有一种耸峭之气概，令人精神振奋。常见的有柏、杉、榉、榆、金钱松类树种制作的盆景。

(2) 蟠曲式。别名磨盘弯（安徽）、曲拐型（广东）。这类树桩主干生长的特点是自根至顶，回蟠折屈，甚至连同细枝亦是旋曲而生。古诗有“曲曲弯弯回蟠势，蜿蜒起伏蛟龙形”，便是这类树桩的最好写照。常见的有朴、松、真柏、桧柏等树种制作的盆景。此类树种体态怀柔，刚柔相济，饶有生趣。

(3) 斜干式。别名俯式（成都）、飘斜式（广东）。是一种常见的树桩形式。树干向一侧倾斜，树冠生长均衡，枝叶分布自然，疏影横斜，静中蕴动，画意盎然，诗情并存。

(4) 卧干式。别名卧式（成都）、横斜式（广东）、横干式（西安）。这类树桩的主干斜生，横卧或斜卧盆面，似醉汉寐地之状，有蛇龙倒走之势。卧干式树桩，多栽于长方形或腰圆形盆中，一般偏栽于盆的一边，以达到盆面布局平衡。若栽植布局不均衡时，可在空白处配以拳石假山等物补缺。既达到重心均衡，又使盆面疏密有致，古朴典雅。

(5) 靠贴式。别名附木盆景（上海）。制作树桩盆景，选取材料时，往往有一些树桩，上半部或局部姿态很佳，而下部主干过高，或局部枝叶不够理想，则可在树桩的拙劣部位，巧妙地用一株同类型的树木，或古桩，与之相靠贴植，或靠贴上一块枯峰拳石，以弥补其缺陷之态，称为靠贴式。这类盆景的树桩，依山靠石（树），相映成趣，取优遮拙，反而收到意想不到的艺术效果。

(6) 临水式。因树桩根群生于一侧，而使树干横生，栽盆后，树干横出盆外，横生直展，并不倒挂下垂，宛若临水之木。

(7) 枯干式。别名枯峰式（苏州）。大自然的神功鬼斧和崖隙、溪边、宅旁的特定环境，使几十年乃至数百年的树桩，成为枯干虬枝，枯朽斑剥、洞穴嵌空；有的似残干朽木，既苍老挺拔，又古朴雄奇；形似嶙峋的枯峰。它们是生机欲尽而内孕萌力，由人们培植盆盎之中，经精心管理，得雨露润育，能疏疏生出数枚新枝，且长得青翠欲滴，颇具枯木逢春之意趣。此类盆景，以榉、榆、三角枫、黄荆、古柏等类树桩居多。

（8）劈干式。在选择或挖掘树桩时，有意将原生树桩劈为两半爿，带根培植。经积年累月的风吹雨蚀，木质腐朽，自成一爿古皮，在这半爿薄薄的枯皮上发芽生枝；枯干、新枝、嫩叶，别具风趣。此类盆景以榆、榉、石榴、紫薇等树种较多。苏州梅桩，取劈干式造型，则称为“劈梅”。

（9）悬崖式。树干凌空倾斜而生，越出盆面，向下悬垂，称悬崖式。因树干下垂程度不同，分大悬崖、中悬崖、小悬崖、挂钩式四种。大悬崖，也称全悬崖式（上海），下垂幅度最大；挂钩式则下垂幅度特大，唯其根部留在盆中，整个树干全部伸垂在盆外，像钩子挂在盆口之上而得名。悬崖式树桩都栽在深盆中，具有独立的艺术效果。松、柏、藤蔓类，都可用此形式。

树桩盆景的养护

树桩盆景的养护是非常精细的，由于土少肥薄，树桩很容易受外界气候的影响。树桩盆景主要是以山石为主要材料，以树木、苔草为辅助材料，再配以其他配件。

中国山水盆景，是祖国大好河山、丘壑林泉的艺术再现，是大自然锦绣风光的缩影，它具有高雅优美的意境。

山水盆景的分类

山水盆景的塑造形式，可分为水石盆景、水旱盆景、旱石盆景三类。

1. **水石盆景**。是山水盆景常见的形式。这种形式主要表现有山有水的景物，如太湖风光、江南春色、巫峡萧森、峭壁凌云、天山牧歌、漓江行、赤壁遗韵、南天一柱以及展现险峰、叠峰、翠峦、碧涧、奔泉等自然山水景观。是以水石为主，将山石置于浅水盆中，盆中贮水，并有植物及小型摆件作点缀的盆景。其优点是管理方便，如山石上不种植物，则可终年放置室内。同时，盆内的景物，可以常作变换，并可拆散，携带方便。

2. **水旱盆景**。以山石、植物、水、土为材料，盆景有土也有水，是介于水石盆景与旱石盆景之间的一种有旱、有水的表现形式。水与土之间采用山石隔离，或用水泥分隔而不露人工痕迹的方法，以保证土中植物正常生长。这类盆景可在咫尺盆盎之中，再现自然界有旱有水、有山有林，既有水景，又有旱景的自然景观。

3. **旱石盆景**。

是将山石置于较浅的旱盆中，盆中全部盛土，盆景界称为“浅盆薄土”造景法。它有土有石而无水，土石常作山形，根据山形、地貌，构成缓坡、草原、林片、绿洲等山丘风貌，或表现植物群体，或孤树。在表现孤树时，需配石布山，作地貌处理，按自然景色的要求，点缀植物和配件，其管理方法与树桩盆景相同。

山水盆景的造型

山水盆景，以其山石造型，用盆规格，可分特大型、大型、中型、小型和微型五类，但无统一衡量标准，1986 年 10 月在武汉召开的首届“中国盆景学术讨论会”上，经共同商讨研究确定，山水盆景，根据盆口尺寸的大小，分为五种类型：即盆长 150 厘米以上为特大型；80～150 厘米为大型；40～80 厘米为中型；10～40 厘米为小型；10 厘米以下为微型。

中国山水盆景的造型，以其峰峦的多少和聚散形式，概括分为独峰式、双峰式、偏峰式、散峰式、聚峰式五种形式。

①**独峰式**。又称孤峰式、独秀式。一只盆内置放一块峰石。孤峰式山石的放置，一般采用圆形盆，山石散置在盆中心偏侧处，但不宜靠盆的边缘；点缀植物、配件以小型为佳，切忌喧宾夺主。

②**双峰式**。又称对峙式。基本形式为三组或四组峰石组成，盆的两边布置两组较大的、大小不一的两块峰石，中部或后部用一或两组很小的山石作远山布置，具“平远”特点。景面开阔，以水景取胜，清秀淡雅，景色幽远。宜采用椭圆形或长方形白瓷盆或石盆。

③**偏峰式**。又称开合式、呼应式、附合式。基本形式为一高一矮，大小两组石峰，分置盆的左右两侧。但两组山石造型显有悬殊变化，不是同等高低大小。主峰必须细致加工，另一侧配摆的石峰，作衬托、对比。这种形式是表现近景“高远”的一种手法。多采用椭圆形或长方形瓷盆或石盆。

④**散峰式**。景色深远，带有平山远水之形式。由三组以上大小、高低不同的峰石组成。从平面来说，可形成不规则的三角形和多边形，分散布置，峰石一般以单数为佳。小型，由三组峰石组成；中型，由五组峰石组成；大型，由七组或九组以上峰石组成。每一盆中必须有一组最高大的为主峰。布置时，有疏有密，形成简繁对比，繁中求简。

⑤**聚峰式**。又称群峰式、山峦式、连峰式。盆中多峰群聚，峰群有

聚有分，高低参差，主峰突出。山峰的位置作不规则排列，有前有后，有近有远，有大有小，有疏有密，造成山重水复、层峦叠嶂之势。

常用山石简介

山水盆景用石应具备的主要特征是：轮廓线比较单纯，皱纹细腻丰富，并有明确走向，颜色以青色、灰色、白色最好；石质坚硬的要有自然绛棱，石面要保持有天然形状；石质疏松的可以不具有自然石面，但应具有可雕凿性和吸水性。对这些特征，古人归纳为“皱”“瘦”“漏”“透”四字。皱，专指石面皱褶、纹理的凹凸起伏与变化。瘦，是石形有骨力，不臃肿，长短与粗细比例适当。漏，是石形悬垂得体，石内缝隙、洞穴清晰。透，是山上孔眼穿透明朗，洞穴形态朴拙自然。按其石质可分为松质和硬质两类。

①松质类

（1）*砂识石*。别名水秀石、吸水石、透水石、崖浆石、峰窝石、连州石。灰黄色至红褐色。质轻，疏松多孔，是石灰岩表面不断风化产生的碎屑和粉泥与硫酸钙凝聚沉积而成。石块形状，常表面坚硬，有时为凹凸粒状、短骨状、蜂巢状等不规则形状；石内疏松，密布均匀大小的细小孔眼，并常含有草根、苔藓等物或痕迹。便于雕凿，吸水性强，利于草木附生，是制作山水盆景常用的材料，适于雕刻大中型盆景，可造出山、崖、坡、嵴、峰、岸、岛等多种景物形象，秀丽多姿。主产于山东、安徽、浙江、广西、四川等地。

（2）*海母石*。别名珊瑚石、海浮石。为海底生物，由珊瑚虫、苔藓虫、层孔虫、钙藻及软体动物等的遗体与骨骼层积而成。质轻，疏松多孔，吸水性强，易雕凿。天然形态为块状；制作盆景时，一般按各类山形线纹特点雕凿而成中小型盆景，玲珑剔透。

（3）*鹅卵石*。别名卵石。有黑、白、黄、绿、红、紫各色及多色或透明者。由砂岩、石英岩、硅质岩、喷出岩、燧石岩碎块，经河水流运冲击，相互摩擦，形成各类卵圆形石块，主要成分是由长石、石英与云母组成。有的有花纹、透明，如雨花石；有的可作水仙压根；有的可作盆竹、树桩配衬；也可制作卵石山水盆景。该石主要产于山涧，急流及古河道之地。

山水盆景的制作

采大自然中一块普通的山石，经能工巧匠的精细构思，合理的布局，巧妙的加工，便成为奇峰挺拔，秀山媚水的大自然缩影。给人有“一峰则太华千寻，一勺则江湖万里”的美感，使这“一峰”“一勺”获得“千寻”“万里”的效果。关键是要有新奇的立意，细腻的加工，协调的布局，高超的造景。

①**立意**。山水盆景源于自然，但又高于自然。具有高度的艺术性与创造性，体现了制作者对自然山水意境的认识和鉴赏，对自然山水有一个去粗取精、去伪存真的提炼过程，而不是简单化的照搬自然山水模式的做法。

中国画的表现手法，有其民族传统和特点，其重要的一点，就是在于透视表现物象的风貌。中国山水画的“三远法”，既遵循透视上的基本法则与规律，又不拘泥于一定的范围。因此，在盆景制作中，它同样是表现山水盆景艺术情趣的一种重要手法。“三远法”最早载于宋代郭熙的山水画论《林泉高致》：“山有三远，自山下而仰山巅谓之高远，自山前而窥山后谓之深远，自近山而望远山谓之平远。……高远之势兀突，深远之意重叠，平远之意冲融而缥缥缈缈”。这种手法的应用，在制作盆景上有它的可取之处，但亦有它的局限性。山水画中，前山与后山重迭，可用空濛缥缈的烟云雾霭将山腰处遮隔或向上推移，使人感到山峰高渺莫测，气势磅礴，变幻无穷；而制作山水盆景要放在盆中，只能使山石左右推移伸展。山水画可以利用画幅的边角，表现出半个峦，以示山岭绵延而无止境；制作山石，只能做完整的山头，没有边际虚境可掩饰。所以，制作上与国画有不同之处。

作画先立意，意在笔先。创作山水盆景也要先有一个主题，也称立意。山水盆景是一种移天缩地的高超艺术，在一个盆盎之中要能创造出“烟波浩荡连千里，风物凄清似十洲”“遥空迭层翠，一碧千仞直”的意境，使赏者具有“罂递驰十里，真味犹未灭”之幽趣。要达到这样的要求，一是必须经历名山大川，搜尽奇峰，把大自然的精华罗列于一掌之间，做到胸有成竹，腹蕴万里；二是必须开采、收集大自然中的盆景艺术素材。大如：泰山的雄伟，华山的险峻，庐山的峻奇，黄果树飞瀑，黄山的奇峰怪石，桂林山水的明媚秀丽，长江三峡的崔嵬雄奇，以及峨眉天下秀，青城天下幽。小有：武夷山的翠峦叠嶂，鼓浪屿的春涛，雁荡山的奇秀，井岗山的雄姿，江南山水的秀色，天平的秋色，灵岩山夕照，洞庭橘熟，虞山春晓，以及太湖的烟波浩渺。都是大自然中取之不尽，用之不竭，可为制作山水盆景提供的丰富素材。所以，要做一名盆景工作者，必须披荆斩棘，爬山涉水，研究山水草木的自然形态变化和特点，平时注意对大自然的观察揣摩，分析山石的自然结构与形式，广泛积集素材；同时，必须不断加强文学艺术修养，吸取古今中国山水画的营养，才能创造出“重峦秀峰，悬崖幽谷，湍溪深壑，千仞层翠”，意新、图美、耐赏的山水盆景。

②选石。山水盆景是以自然山石为材料，这些山石，种类很多，且各具天然形态和色泽。山石可分为松质与硬质两大类，松质石料易于加工造型，对其天然形状不必过高要求，只要质地均匀即可；硬质石料加工困难，因此，必须注重石料的天然形状和色泽。山水盆景是具有浓厚自然气息的高等艺术，这也是与其他艺术品的重要区别。山石选择，就是要选出质地、形态、色泽都符合制作盆景的理想材料，尽可能达到因材致用，以保持其天然秀姿和神韵。

选石，通常有两种情况：一种是因石立景；另一种是因景选石。

因石立景，即根据预先选好的石料，以从种类、形状和色泽等因素来决定创作意景，可以对山石材料的因材布景，充分发挥山石的天然形姿，有利于显示盆景造型的艺术特色。如刚劲挺拔的斧劈石，用来制作层峦叠翠的聚峰景观，则群峰雄伟耸秀，水岸峭壁千仞，山上林木扶疏，山下小屋朝阳，水际小舟悠悠轻荡，胜似蓬莱仙景。青翠的英石，可表现江南平远山水，群峰丛翠，林木葱笼，碧水荡漾，明澈秀润，一抹斜阳中，轻舟竞游，也是一幅美丽的国画。刚劲峻拔的松化石，可用来表现巍峨雄壮的北国风光。晶莹透亮的昆石，用来表现江南水乡春色。有眼观尺壁，如临嵩华，似自然景物，具怡神悦目之趣。但表现的意境内容，常有一定的局限性。

因景选石，即要根据创作意图选择石料，对所选石料种类、形状和色泽等都是预有指定。如表现崇峻挺峭的山峰，应选用高耸挺拔的木化石、砂片石等硬质石料；表现江南平远山水、层峦叠嶂，应选低平缓坡的砂积石、海母石、孔雀石等松质石料；表现雪景，则应选晶洁白净的昆石、宣石或雪花石。因景选石，在创作中可以掌握主动权，并可表现和发挥意境主题。但常因不能选到理想材料，而必须进行艺术加工，则要雕凿不露痕迹，宛若天成。

③**加工**。山石的品种很多，任何自然形态的山石，都必须经过艺术加工，才能制作出具有优美景观的盆景。

山石的加工，首先要对石料的色泽、纹理、形状进行独具慧眼的选择，形成一定的立意、构思后，再进行锯截、雕琢和组合。

锯截是山石盆景加工的首要一步。在锯料前先要对石料进行反复观察，分清各种层面，特别是要选好主视面，然后再动手加工。先要将锯切线画好，再动手锯截。底座最好是在组合方案确定后再锯平，否则会影响整体构思。锯截的加工工具很简单，软石可用普通钢锯。硬石用钢锯加金刚砂，或是用电动金刚砂片锯就更为快捷。锯下的石料不要随意丢掉，可用作坡脚或衬石。

如山石的外表平板，沟壑少（特别是硬石），就需要进行一番雕琢。在雕琢前要精心分析研究自然山石的纹理，使雕琢出来的人工纹理要与自然山石本身的纹理相协调。平时要多注意观察自然山石的造型和纹理，还要掌握一些中国山水画的皴法技巧，以便增加山石的神韵。其中要注意以下几点：高耸的山峰宜竖向雕琢，纹理上疏下密，低平的山岗及坡脚要斜向雕琢，纹理上密下疏；近峰纹理要细密，远峰纹理要粗疏。

一般来说，山石盆景多由数块山石组成，各单块石加工完美后，就要进行艺术组合，形成整体山景。在组合时要注意色泽、纹理及结合部位的过渡，使组合后的山石形成统一的整体，做到纹脉相成，浑然一体。然后用水泥或胶黏剂将山石胶接在一起。如果几块山石组合得比较严密，也可不进行胶接。总之，在组合时要反复观察，反复调整，以便通过组合取得最佳观赏价值。如在组合调整过程中发现有不适宜之处，也可进一步采取锯截、雕琢等手段，达到理想构图要求。

在山石的组合中要注意主次分明，参差错落，自然生动。即组合出一定的意境、一定的神韵来。并按照一定的空间透视法则，分出高远、平远、深远三种不同的视觉效果来。在整个组合中还要注意疏密、均衡、韵律，以取得山石的灵气和天然的情趣。

④**布局**。制作山水盆景，先选主峰，再选次峰、配峰。山石的自然形态，有些加工得好的块石，可以独立成景。但对大多数山石来讲，有时并不能尽如人意，往往要进行穿凿、补贴，使其达到纹理一致，脉络相通，层峦叠嶂，高耸险峻，才能成为完整的主峰，构成引人入胜的景观。将加工的山石排列组合，在整体上就是布局，布局也是制作山水盆景关键性的一步。一盆山水盆景作品，是否有意境，全赖布局。布局包括正确处理山水盆景各部分的大小比例、远近虚实、山石与水面的关系，种植与点缀也属布局范围。山水盆景整体布局时，先定主体，立主峰，确定主景。山峰的定位，凡是体积较大、体形较高的主体山，应在盆中占有显著位置，即正中稍偏。而形体较小的客体山，作为主体山的陪衬，应配置在相对的一角，或中间稍后，以作呼应，这样的布局，才符合“宾主分明”。宾主位置确定后，才能解决“远近之形”，借鉴画理所谓“三远”，即高远、深远和平远。而这“三远”法的应用，在制作盆景时，只能通过对比衬托手法，发挥艺术空间上以小为远、以大为近的艺术效果。宾主在盆中的位置，可使主景居前，也可主景居后。主景居前时，衬景是远山，加上视觉上的近大远小，远山显得既远又小，这类山水，叫远景山水。雕琢时，近景的主体要精雕细刻，远山则不宜过细雕琢，只注重外形处理，使起伏尽量模糊，符合“远山无脉”的透视原理。近景山水的加工，无论是主体山石，抑或近礁，均应仔细雕琢。

山水盆景中，山与水的关系应是一个统一的整体。山有宾主，水有曲折，水随山转，山以水活，山曲水折才能萦回环抱。山与水的关系，主要体现在山脚与水面的关系上，因此，在山脚线处理上，忌平直，宜曲折。凡是平直的山脚，山如石壁一堵，不但山势平板，水也滞而不活，则应加平滩、平台相配，以破其直，避免山峰突然从平地拔起，缺乏自然痕迹。水是观赏山水盆景的休止空间，水面宜宽广，忌狭窄。宽广的水面能映出山石的倒影，增加山水盆景的层次。但也有例外，在深远景中的水面常狭窄，这种狭窄的水面，在两岸群峰的映衬下，更显得层次深远。因此，山水盆景在布局时，既要注意山脚线的蜿蜒曲折，又要做到缓坡起伏。平远山水用盆以大理石、汉白玉制的浅口长方盆为佳，宜兴釉盆嫌深，似不适宜。太湖山水风光，是平远山水的典型。如三山迭翠、林层晚烟、华山鸟道、寒山千尺雪及虞山的辛峰夕照、书台积雪、破山晴晓、秦坡瀑布等低矮的山峦，宽广的湖面，都是平远山水的实例。四川的山水风光，是高远山水的代表。蜀国多仙山，如青城之幽、峨眉之秀、剑门之雄、三峡之险等高山崇峻，巍然挺拔，都是高远山水的实例。福建的山水风光，常以武夷山为表现题材，气势雄伟，清秀淡雅。广东的山水风光，多吸取山明水秀的南国自然景色，或高耸入云，或横卧天际，姿态多样，气魄雄伟，都是深远山水的实例。

⑤**种植**。山水盆景中的绿化点缀，也是制作过程中不可缺少的一环。清代汤贻汾在《画鉴析览》中说：“山为体、石为骨、树木为衣、草为毛发、水为血脉。”表明山水盆景除山石和水之外，还须进行绿化种植。所谓“石顽树活”，在山水盆景中栽种植物，可增加生气，协调重心，分隔层次，并提高山水盆景的真实感和优美感。

根据自然界中高山植物垂直分布的规律，由下而上依次分布，为乔木、灌木和草本；山水盆景要表现高山峻岭，其绿化配置的手法，应是下大上小、近大远小的透视关系。因此，在山水盆景的种植绿化中，掌握“尺山寸树”的原则。因实用的山水盆景，一般以“小中见大”为主，既要适于厅堂陈设观赏又要达到“咫尺盆盎，可瞻千里之遥”的艺术效果。所以，要严格掌握植物的大小、高度、形态、倾向以及与山石的比例；在树种的选择上，要终年常绿、棵株矮壮、枝细叶小、根系发达、适应力强、生长缓慢、易于管理的品种。目前，适用于山水盆景栽种的植物很多。木本植物有五针松、大阪松、伽罗木、小叶罗汉松、真柏、地柏、翠柏、黄金柏、虎刺、火棘、瓜子黄杨、紫杉、六月雪、西湖柳、金钱松以及各种矮生竹类；草本植物有兰花、小菊、文竹、半枝莲、酢浆草、书带草、翠云草等。

⑥**铺苔**。铺苔在盆景制作工艺中，称为“铺翠”，是绿化山水盆景的一种装饰手法。它既可消除新鲜山石的斧凿痕迹，增加山石的真实感，又可显示青山绿水，展现自然美姿的情趣和风韵。

山石铺苔，方便、简单。一般常用的山石铺苔方法有人工上苔法和自然上苔法两种。

⑦**点缀**。在山水盆景内，恰当地点缀一些小配件，可深化意境，点明思想内涵，起到画龙点睛的作用。山水盆景点缀的构件，种类很多。建筑物有寺庙、庐舍、茅屋、楼、阁、亭、榭、塔、桥等；人物有农夫、樵夫、渔夫、牧童、书生、仕女等；动物有禽、畜、狮、虎、豹、熊、白鹤、青蛙、草虫等，此外，还有车、船等。

配件点缀要因景制宜，以少胜多。各种配件点缀的位置，由景象环境而定。一般以塔置次峰、崖头或江岸高处；亭子放置山腰，或立丘顶，或临水际，环境宽畅，便于登眺；榭宜临水际；茅屋要深隐；风帆偏水一侧，具竞发之势；人物点缀，身份要与环境适应，荷锄农夫在田野，负网渔夫在溪畔，书生、仕女息于亭榭之中；动物小件，点缀也是如此，牛羊在山坡，行马在途中，鸡犬傍村舍，熊猫戏新竹，白鹤浴松溪，蚱蜢跳草丛等，每件动物都应有它恰当的置身之处。

山水盆景的养护

为使山水盆景草木茂盛，苔绒葱翠，在不同的季节里，要采取切实的不同养护措施。尤其对硬质石类上栽种的植物，用土很少，养护管理更要周到。应经常喷水，保持盆水常盈不涸，以保证植物水分的供应。并应经常换水，刷洗盆底沉积污垢，以保持盆水清澈，避免盆中贮水过久，水质发绿变脏。平时应放在阳光充足、空气流通、便于观赏的地方。夏季适当遮阴，防止烈日暴晒而致植物枯死。残秋、严冬、初春要移进温室的室内透光处，防止寒霜冰冻；暖和的中午，透照阳光。

为保持山水盆景的观赏效果，经久不减，必须做好盆中植物的控长措施。对徒长变型的树木，随时进行抹芽、摘心、摘叶、整修；及时清除枯草、残草；青苔必须铺长在山石的适当部位，应当刮去过于密集的苔绒，才能保持山石上的树型、花草、苔绒与整个盆面的优美、得体、协调。

插花艺术

鲜插花越来越多地进入寻常百姓的家中，每逢节日喜庆、祝生日、婚嫁、探病或访友时，馈赠鲜花的风习已成时尚。此外，在改革开放的形势下，宾馆等公共场所中插花艺术也已成为室内不可缺少的内容之一。插花既美化环境，陶冶性情，又能在礼仪活动中表达情感。因此，插花艺术的爱好者正与日俱增。

插花器具

“工欲善其事，必先利其器。”做好一件插花作品的重要前提是具有完备的道具，兹将各种用具逐一介绍。

插花中用于固定花枝的有剑山、插花泥，剑山有多种尺寸和样式，有方、圆、菱形之分。使用时应根据花器大小和花材多少决定所用形式。使用后必须清除污垢，校正歪斜的针，并收藏于干燥处以免生锈。插花泥有绿色和淡豆沙色。淡豆沙色花泥是用来插干花的，花泥外型颇像海绵，故又有人称之为吸水海绵，是一种极为方便的固定基座。市场上出售的花泥的质量有较大差异。通常质地粗糙的花泥易断裂，应选择质地细腻的，吸水时间短，吸水量大，且保水性能好的花泥。选择韧性强的花泥，可将其吸水后用圆形枝插上再拔起来试验，有牵拉感觉的就是韧性较好的。

使用花泥应按一定的次序进行。首先切割下需要用的大小尺寸，平放在水中吸水（不要从花泥上方冲水，免得吸水不完全）。待完全沉至水中就表明已充分吸水了；然后再放入花器中，注意固定在花器内时勿用力挤压，以免破坏花泥密度而影响固定花枝。吸水以后不用的花泥切莫让太阳晒干，否则再用时将吸水不完全，用花泥插花时尽量避免将插下的花材拔起再插。

其他的工具还有：

喷水壶：喷水维持花枝的鲜艳度，一般小型插花备有小型喷水壶即可。

铁丝：用于整形花卉枝条，通常使用 18 ~28 号铁丝。依据枝条的粗细程度选择铁丝。

塑料皮或铅铂：包装花束或做特殊设计用。

缎带：衬托花型和作为配件。

钳子：剪铁丝。

刀：切割用。

剪刀：一般花枝用剪刀即可，较粗大的枝条用小锯。

胶带：粘附连接用。

每一种工具都有其独特的用途，使用后清洗干净，妥善保存。

花器。花器的形式很多，在插花艺术中，花器不仅仅是盛水插花的用具，同时也能衬托花型，是画面构图中不可缺少的一部分。有时候我们会先设计构图再选花器，有时美妙的花器会触发我们的创作灵感。

选择花器应注意以下两点：

①**花器与环境**。花器有悬吊式和摆放式两类。作为工艺品的插花容器，有其不同时空的美学要求和功能要求。通常在走廊、门厅入口处等空间窄小地方悬挂一些壁花和吊花，用竹、藤、陶等悬挂式花器，活泼轻盈，增添室内空间的生机和景观。宴会或餐桌摆花，花器用盆或盘，要求花型低矮，四面可观，不遮掩人们的视线。茶几摆放的花器要大方，尺度较大的盆、瓶配以大束插花均能体现主人的慷慨好客，在高堂大厅宜设高瓶大花方能显示华贵气派。在空间小的房屋内可选形式玲珑小巧的容器，既与室内空间谐和，又能点缀“室雅何须大”的精致。此外花器还要和环境中其他摆设和装饰相协调，诸如家具、挂画、窗帘、台面、墙壁等都是考虑因素。如一套中式的房屋陈设，配以传统的陶瓷器则显古雅的风貌。但在现代风格浓郁的房间内，却没有太多的限定性，古典的、现代的、手工的、非手工的各式花器如能妥贴布置，都能体现它们独特的精神和内涵。即是说，现代人们的选择更广泛一些，原始的现代的结合也非常奇妙。

②**花器与花材**。插花作品给人的第一视觉印象中最敏感的就是对形和色的反应，并以色彩尤甚。梵高的名画《向日葵》跳跃生动的原色——黄色，充满了生命的张力；莫奈的《莲花池·粉红色的系列》(1900 年) 中的睡莲也是在那静水中的粉红浅绿构成和谐的画面而长驻人间。如此看来，色彩是太重要了。花器和花材的配合是一幅完整的画面。首先在色彩上一般绝少见到红瓶插红花，白瓶插白花，因为它们之间要有差别才能产生律动，但白瓶红花的强烈冲突也不符合人们的审美心理。因此在红白之间须有过渡色彩调节，中性色的花器比较易显示花材的天生丽质；粉色系列的花器则要求花材色彩浓淡适宜，不要过于强烈，在瓶和花之间形成一渐变的色域；粗犷自然的木、藤、竹、根等花器和各种花材都能起到很好的搭配。其次在花器和花形之间也要谐调，细长的玻璃瓶插大朵牡丹显然不和谐，插直线型的菖兰也无美姿可言。枝叶纤细柔弱的文竹如配插在粗质藤篓中也实在不相称。同样，一个洋式烛台花器和水晶花器插上玫瑰就相得益彰，但插梅和玉兰就不那么适

宜了。而梅瓶插梅花就如同中国画一样有书卷味。……即是说花器与花色、花形、花的质地、花的性质、花所具备的人文色彩都能相吻合才能算是合适的配搭。

花器的种类非常多，有各种各样的质料：陶、瓷、铜、银、木、藤、草编、玻璃、塑胶、漆器、鲜贝玉器，还有合成材料器皿，树根等。大体上依应用场合不同和主题内容差异而决定所用器皿，形式上也是千差万别。有瓶、盘、盆、坛、罐、篮、杯、香炉，以及各种造型迥异的异形花器。

陶器被称为泥土的艺术。最适于表现手工制作的精湛技艺，用陶器插花，兼融了古朴与艳丽之美，常用有黑陶、红陶、灰陶、彩陶、紫砂陶等。

瓷器光洁细腻，有彩绘和素烧之别，为避免与鲜花的艳丽色彩冲突，喧宾夺主，选择素面瓷器较适宜。目前所用瓷器已摆脱了传统的瓶盆造型，向几何化、抽象化发展，以取得新颖的构图效果。

竹、藤、木、草编的天然质感、朴素的自然色彩，洋溢着生活的情趣，在插花花器中别具一格，引发人们回归自然的向往。更因其轻便、价格低廉，便于吊挂摆放而博得人们的喜爱。

玻璃花器晶莹光亮，线条流畅，色彩多变而迎合时代感。但插花时花器应避免用炫目的色彩，以免喧宾夺主。塑胶花器质轻，色彩丰富，形式多样，近来也被很多人采用。但因其质感上予人以轻薄的印象，因此应妥善安排，避免头重脚轻。

根儿也是人们的选择之列，根儿插花，似为天成；漆器以富丽、稳重的色彩，淡淡的描画，赋予插花作品吉庆祥和的底蕴；铁器造型经过匠人的打制、焊接、锤制，印痕历历在目，表现粗犷的野性；用包装纸将花泥包装插花，作为礼品馈赠，便于携带。其他各种家用器皿，如碗、碟、酒瓶等插花颇具生活气息。目前还有一种倾向即不用花器，依靠摆花的台面，圆、方、长、短，形状不拘。

总之，花器的使用没有固定的格式，只要花材、花器与环境相谐调即可。展开你丰富的想象，插花会有更广阔的空间。

在插花中除了花器之外，底托也是主要的因素，底托可以比作为盆景中的“几架”。摆放插花作品时，兼具稳定和衬托的作用，其色泽、形制、质感都要和花器、花型取得呼应。有用如盆景几架一样的书卷、高低几等，还有用竹帘、手工钩绣品、麻编、树根儿，甚至一块平木板、玻璃台板都可起到稳定的作用。这里值得一提的是砧木，砧木是树干上的一段，基本形如厨房用砧板，比较薄。有圆、椭圆和各种边缘不规则的形状，其天然色彩和木质纹理颇受人们的青睐，巧妙应用作为底托能为整体作品锦上添花。

鲜花保鲜方法

（1）灼焦法。一般是把花枝的末端（如象牙红）放在蜡烛焰头上烧焦后，即放入酒精溶液里浸一分钟，再用清水漂洗干净，采用此法，可延长插花期约 15 天。

（2）深水急救法。如发现鲜花由于水分不足，花头下垂，可先剪去花枝末端一小段，然后把花枝基部投入盛有冷水的容器中，令留花头于水面外，一两小时后，花枝就会苏醒过来。

（3）折枝法。对于一些枝梗脆性的花木，选定了用来插瓶的花枝，要用手把它折断。这样花梗没有受到压力，导管保持正常，容易吸收水分。

（4）末端击碎法。将花梗末端（约 1 寸）击碎，使吸水面积扩大，一般木本花枝如玉兰、绣球、丁香、牡丹、紫藤等，可多多使用此法。

（5）鲜花保鲜剂。在插花水溶液中加适量的化学药物保鲜剂（市场上有成药出售），利用药剂抑制花枝，可延长其保鲜时间。这种保鲜剂，一般能使菖兰花（唐菖蒲）延长开花期 7~15 天。如一时买不到保鲜剂，可用高锰酸钾四千分之一水溶液防腐，或用阿司匹林三千分之一水溶液配制简易的保鲜剂，也能使菖兰延长开花期 3~5 天。

鸟鱼饲养

养鸟养鱼是一项有益身心的休闲活动。由于现代生活节奏不断加快，人们在学习工作中所承受的心理精神压力也越来越大，而养鸟养鱼无疑有助于调节人们的精神压力。在紧张的学习工作之余，听听鸟的婉转鸣声，看看鱼的翩翩游翔，令人赏心悦目，身心舒坦。

名鸟饲养

画眉鸟

此鸟属雀形目，鹟科，画眉亚科。广泛见于甘肃东部，陕西南部，湖北、安徽、江苏以及四川、云南以东的大陆和台湾、海南岛等地。它有白色的眼圈，向后延伸呈娥眉状，故有“画眉”之称。它栖息在丘陵地带，村落附近或城市的灌木丛、竹林中，喜单独或结成小群活动，性机敏、胆小。一般好隐匿，是我国著名的笼鸟之一，鸣声嘹亮、动听，可以效仿多种鸟类鸣声，深为人们喜爱。

1. **鸟的特点**。身体为橄榄褐色，嘴黄色，下体棕黄色，腹部中央灰色，头和背部有褐色的条纹，有白色的眼圈，眼圈后延成一道白线。不论繁殖期和非繁殖期都能鸣叫，雄鸟鸣声悦耳，尤其2—7月更是高鸣长唱，娓娓动听。雄鸟的羽毛不光滑，体形较雌画眉长、大。鸣叫时没有撕拉声，叫时身体平稳。不前后左右摇摆，头稍仰而不望下，仰头大的鸟不好。在选雄画眉时还要注意其眉目清秀，毛顺且有精神，爪规矩整齐，鸣叫时尾向下勾，尾不翘到上面。羽毛紧贴身体，嘴峰尖长等。

2. **笼的特点**。画眉鸟为大型的笼养鸟，所以笼要大，一般采用正经的画眉笼。画眉鸟好斗而且善斗，所以两只雄鸟决不能放入同一笼中，以免斗伤。雄鸟入的笼要坚固，笼条要粗，结实。新捕来的画眉生鸟野性大，易乱撞乱扑。画眉喜水浴，可放专门的水浴笼，平时饲喂时可采用亮底，这样可使稀软的粪便及时清除。有托粪板更好，便于拉出托粪板清理粪便和污物。

3. **饲养管理**。画眉以虫类为主食，是自然界中的益鸟之一，它兼食野果和植物种子，繁殖期 4—7 月，每年至少产卵两次，在家庭饲养主要是听鸣、听唱，所以饲养中根据年龄可以分为“窝雏”“软毛”“齐毛”“老毛”四个阶段。还未离窝的雏鸟为窝雏；窝雏羽毛长齐为“软毛”；“软毛”鸟到第二年换羽后为“齐毛”；二岁以后为“老毛”。窝雏、软毛、齐毛都称为幼鸟，幼鸟期性较温和、易养，但鸣叫时间短，鸣声不悠扬，较单调。人工饲养画眉的饲料可用鸡蛋小米相搓而成。再适量给些蝗虫、面包虫、蝼蛄之类的昆虫。如缺虫可喂些瘦肉丝。5 月份，北方槐树花开过的季节正是昆虫较少的时候。可在槐树旁寻找槐树虫。在国槐树干接近地面处，向下挖 3~4 厘米深即可发现带有硬壳的槐树虫。挖出后剥开外壳，里面即是槐树肉虫。每日可喂给画眉鸟一个肉虫。画眉鸟在大叫期或换羽期，体内消耗大，要多喂虫以增加蛋白质。如每天喂面包虫 10 个左右；也可喂些细牛肉丝，每天 0.1 克左右，切细喂食。画眉鸟喜欢水浴，除严冬时节或换羽期外，每天都应给它水浴，这样使羽毛整齐干净，也增加抵抗能力，减少疾病侵蚀鸟体。

4. **驯养和学唱**。画眉学口，把雏鸟置于善鸣的老鸟附近，让老鸟带鸣。方法是笼上带罩、遛鸟和磨性。遛鸟的目的是使其野性温和，磨练生性，上罩是让鸟看不见外界的东西，只能听到别的鸟的鸣叫，使鸟学鸣和自己鸣叫。养鸟人每天清晨或傍晚将鸟带到屋外遛鸟，边走边晃让其加强腿部肌肉的力量。每天遛鸟的时间以打开罩鸟叫为基本要求。

遛鸟、闭罩是为了鸟闭罩学、开罩叫，这就是遛鸟和学口。好的画眉可以学喜鹊、绶带鸟、黄雀、山雀、玉鸟、鹦鹉、狗叫，小孩哭，火车拉笛，母鸡下蛋等声音。画眉叫声的好坏与饲养是否得法及学口、遛鸟有密切关系。

百　灵

又叫蒙古鹨、塞云雀、华北沙鹨、百灵鸟。

1. **鸟的特点**。雄百灵的额部、头顶周缘和后颈呈栗红色，头顶中部棕黄色。背部的羽毛大都土棕色。两翼黑褐色，外侧有白斑。喉白色，胸部两侧有黑色块斑。腹部沙白色。雌百灵的外形与雄鸟相似，但额部和后颈呈棕褐色，胸部两侧的黑斑不如雄鸟明显。

野生百灵栖息于广阔荒漠的草原上。它善于高飞，随飞随鸣，高唱入云。在地上行走迅速。百灵的羽色虽不甚艳丽，但由于鸣声嘹亮悦耳，又善于模仿各种鸟鸣、鸡啼、狗叫、猫叫以及婴孩啼哭等声音，巧学百声，深受人们的宠爱，与画眉齐名。这种效鸣，系日久自然模仿而成，需经过人为的训练。百灵鸣声多而富变化：娇，会娇，会娇，既会娇，会五儿，叫，极极急邀，归来，归来，叫伊伊伊要，叫……，既觉……，极极叫急邀，会儿伊伊伊。文学家把“百灵鸟自由歌唱”，比喻成自由的象征。

百灵的食物主要是各种野生植物的种子，但也吃少量的昆虫。常营巢于草下凹坑内或露天地面陷凹处，巢由杂草筑成。每年5—6月间产卵。

2. **鸟的饲养**。百灵善于高飞和步行。不善于握枝栖息，所以，应该选择比较高大的笼子来饲养，最好是选用百灵笼。由于百灵后趾爪特别长，因此，笼底可以铺一层沙土或细净的黄土，即可供其沙浴，又保护百灵的足爪。笼内不必装设栖息用的栖木，只要做一个高13～16厘米的圆台架，供它停息和鸣唱即可。幼鸟可用小笼饲养，长大后改用大笼。

笼饲百灵要从雏鸟开始。因为雏鸟容易驯服，能训练出优美的歌声和表演。捕到的成鸟，性情暴躁。

虽然也能唱出歌来，但是音调很低，也不会飞舞表演。因此，一般养鸟的人，都不喜欢饲养捉到的百灵。这样捉的百灵，也称“过露百灵”，意思指在农历白露后捕到的。

饲养的百灵，一般常选取孵出7天的雏鸟（俗称光腚），因为这时候的雏鸟还没有开眼，容易饲养。7天以后，雏鸟已经开眼，见到人有些害怕，喂养较困难。雏鸟的喂养要细心。最初每天可用绿豆面1份和蛋黄3份分别蒸熟，加少量水搓制或小丸喂养。每天供喂5～7次。也可以用豌豆面搓熟鸡蛋并略加水搅匀作饲料。用豌豆面喂养时，如能掺入一些绿豆面更好。喂养9天后，雏鸟开始站立，自己啄食。这时要减少蛋黄，改用绿豆面2份和熟蛋黄1份。加水拌匀后喂食。这种喂养两个月后，雏鸟已脱雏形，羽毛长得很丰满，再过1—2个月，除喂上述比例的蛋黄加绿豆面外，还要加些蒸熟的小米拌蛋黄（小米3份，蒸熟后拌入1份生蛋黄而成），还可以喂些嫩菜叶、谷子和活虫。如无活虫，可喂瘦肉末（拌入饲料中）。这样喂养1～2年，百灵才开始有较好的歌声。但是，要达到歌舞美妙、动人，那就要花上五六年的时间。

百灵的饮水要新鲜、清洁，并且要每天更换。为了避免笼子里的沙土扬进水缸，一般把水缸放在笼外，让其从特制的竹棚缝里伸出嘴去喝水。

百灵优美的歌声和舞蹈，不是一年到头都能表演，而是有一定的周期性。每年的3—4月，是百灵开始发情的时期，也是歌唱和舞蹈的时期，有些地区把这个时间称为“大性期”。大性期的百灵，不但在白天能唱出优美的歌声，而且在晚上的灯光下也能歌唱一段时间。大性期一般到黄梅季节为止，也有延长到7月间的。

百灵在黄梅季节和7月份开始换羽，8月间羽毛换得最显著，到了9月份，新羽就长齐了。换羽后，百灵还能歌唱一个月，到农历重阳前后再开始歌唱，这个时期叫作“小性期”。好的百灵从重阳开始，能一直唱到第二年的大性期。

饲养百灵的关键期是换羽和大性期。春秋季节应给予比较高营养价值的饲料，除蛋黄米、蛋黄绿豆面外，应加少量谷子和活虫。此外，要让鸟适当晒太阳，切忌水浴、雨淋。百灵鸣叫最旺时期，应注意让其间歇休息，以免过度疲劳，引起食量减少，甚至拒食而死亡。

百灵从小就要加以训练。训练可在遛鸟时（或称放鸟时）进行。遛鸟应在清晨或傍晚，将鸟笼带到幽静的园林或空气新鲜的空旷处，令其聆听群鸟鸣声而仿之，并驯鸟做戏。要避免在阴雨天气或炎热湿闷时遛鸟。两个鸟笼之间的间隔要1.5米以上。否则，性怯鸟会因惊诈而哑鸣；发情鸟则易受其他刺激而排精，有损于健康；两鸟笼太靠近还会引起互相鸣斗而产生不良的后果。

我国南方在训练百灵时，在鸟笼上挂些红、黄、绿各色的小布条，把笼子挂在马路旁，让它习惯于各种车辆的开动声和喇叭声。如能把一只百灵训练得既不怕各种各样的颜色，又不怕响声，且能登台鸣唱，就算得是上品。如在鸣唱时还能表演多种舞蹈，那就是上上品了。

百灵是珍贵的笼鸟。它有一个天赋的歌喉，鸣声嘹亮而持久，非常动听，与画眉齐名，深受国内外喜爱，被人们誉为“花腔男高音”。我国劳动人民有着悠久的驯化百灵的经验和方法，经过一系列的驯养和科学管理，如从雏鸟中选雄、填食、压口等，能驯养出优秀的能歌善舞的最佳百灵鸟。有的还能向主人“鞠躬”致意等。

金丝雀（玉鸟）

又叫芙蓉鸟、白玉、白燕、玉鸟、燕子。

1. **鸟的特点**。金丝雀体长 12~14 厘米，体形较麻雀瘦削。身体羽色分黄白、白色、绿色、桔红色、古铜色、黄花和白花等。黄色金丝雀的数量较多，其他颜色的数量比较少。野生金丝雀的外形像野鹀不甚美丽。但在人工饲养培育下形成许多品种或系，如英国、荷兰、比利时系，德国系等。它们的羽色艳丽，鸣声悠扬动听。

国内的金丝雀有三个主要品种。即德国“萝娜种”“山东种”和“扬州种”。上海以养德国“萝娜种”为主。该鸟身体细长，毛色变化较多，有桔红、黄、白、古铜、桂皮、银灰等色，头顶有羽毛向四面外翻的蓬头，翅膀有羽毛异色、两侧对称的对花。德国金丝雀“萝娜种”鸣声长而婉转，音调轻而悠和。鸣唱时上下喙闭合，闭口而鸣，只见喉部鼓起，不停颤动。如果在鸣唱中开口，那就说明这只鸟不是纯种了。但长期与“山东种”“扬州种”金丝雀饲养在一起的德国金丝雀，其鸣声也会发生变化，所以一般养德国金丝雀的人就不再养山东、扬州金丝雀，免得叫混了。产在山东夏津等地的山东金丝雀，体格较为粗壮，毛色一般为淡黄色和白色两种，鸣声响亮曲折。产在江苏扬州的扬州金丝雀，体形较“山东种”小，除淡黄色、白色两种外，还有杂色，对花头，鸣声也很婉转，但不及山东金丝雀响亮。故国内多喜欢饲养“山东种”金丝雀。

最名贵的金丝雀是嘴和腿都是肉色的白色金丝雀。其次，白羽红眼睛的金丝雀是也是中国金丝雀的名贵品种。

（1）种鸟的选定。究竟饲养哪种金丝雀为好，应按个人爱好而定，但不管饲养哪一种，都必须注意以下几点：

首先必须选养幼鸟。因为出卖的2~3年的老鸟多数繁殖数量不佳。另外要注意从喂养得法的人那里买种鸟。其次，要选养健康活泼的鸟儿。金丝雀总是在做细微的动作活动着自己的身体，如果躲在笼子角落一动不动或不太活泼，则说明该鸟有毛病。从羽毛上看，健康的鸟儿羽毛都很顺溜地贴在身上，羽毛光润而明亮，给人一种舒服的感觉；如果羽毛直竖，全身呈膨胀状，羽毛没有光泽，给人以蓬乱的感觉，就是有病了。

（2）雌雄鉴别法。刚刚出窝的金丝雀幼鸟，两性羽色相同，所以单从外观上难以鉴别雌雄。但出窝2~3个月以后，在雄鸟的肛门上的羽毛吹起来就可以看见。另外，小金丝雀出生35~45天，就开始转鸣。这时可以从幼鸟的转鸣声及转鸣时的姿态区分雌雄鸟。如果转鸣时喉部鼓起，上下波动，声音连续不断的是雄鸟；鸣声短促，喉部并不鼓起，仅上下略现波动的是雌鸟。金丝雀的成鸟较容易鉴别雌雄，因雄鸟的鸣声悠扬动听，雌鸟鸣声单调。

2. **鸟的饲养**。（1）鸟笼。金丝雀的身体比较娇弱，平时应该让它多运动；因此饲养必须宽大，最好饲养在芙蓉笼中，平时都是雌雄分笼饲养，每笼只养一只。1月间开始合笼饲养，让它们营巢繁殖。此时可换大笼。大笼子的规格：46厘米（长）×30厘米（宽）×35厘米（高），笼底铺上细沙，使它有沙浴的机会。如笼底不铺细沙，最好在食缸里盛放些细沙，让鸟儿啄食。因为啄食种子的鸟，有了沙粒的帮助，容易消化。

笼子里设置食缸、水缸和栖息用的栖木等，食缸和水缸的口要敞大。栖木最好用扁圆形的，粗细以能使鸟儿站稳为准。

（2）人工巢皿。人工巢皿是金丝雀产卵、孵卵、育雏的地方。人工巢皿可用草或竹丝或铁丝编制而成，外形像碗，上口直径11厘米，深5厘米。繁殖期把巢皿挂在繁殖笼左上方。此外，也可用小木盒等作鸟窝，窝内放些细碎的竹衣。

金丝雀日常的饲料是谷子、稗子、玉米面窝头、菜子或苏子、苹果、青菜等。三种粒料的比例是：谷子 2 份、稗子 7 份、菜子 1 份。当稗子来源困难时，可用谷子或小米代替。用谷子喂养时，要先把谷子用水湿润后，去水，蒸一小时。苹果须切成片，青菜须切碎。

金丝雀的繁殖期在每年 3 月初到 6 月末。饲养管理条件好，可提早繁殖。如果希望自己养的金丝雀多产雄雀，应选身体强健的种鸟，并多喂些含维生素 A 的饲料。另外，最好用 2～3 岁的雄雀，配以 1 岁大的雌雀或用 2 岁大的雄雀，配以年岁较大的雌雀。

在鸟配对前，就要开始喂给发情饲料——蛋小米。雌雄鸟合笼后，要充分供给发情饲料和骨粉。一旦开始孵化，即可停用发情饲料，增加菜子及白苏子的比例，使占 20%。

雏鸟出壳后，必须供给保育饲料——蛋黄面（粉），即将熟蛋黄一个搓碎后，与 120 克小米面或玉米面搅拌均匀。另外供给青菜、牡蛎壳粉也很重要，不可中断。

小金丝雀长大后离开亲鸟，放入百灵笼或较大鸟笼饲养时，刚开始仍需继续供给保育饲料，等它们适应独立生活环境后，再逐渐供给普通饲料和玉米面窝窝头，粒料（谷子 2 份、稗子 7 份、菜子 1 份）等。

金丝雀换羽及冬季，菜子或苏子的供给比例可增至 20%，粒籽的配比为谷子 2 份、稗子 6 份、菜子或苏子 2 份。

金丝雀的管理首先应该注意每天清除笼底的粪便，食缸和水缸要天天洗刷，饮水要每天换两次，注意保护清洁卫生，栖木每三天洗一次。

金丝雀很爱清洁，最好能够经常洗澡，至少每星期一次。浴后，须待它的羽毛干后才可以移到室外，否则容易患气管炎。

金丝雀的爪甲太长时，会影响它的站立姿态。如发现它站立不稳，可用剪刀修剪爪甲。修剪不要过深，以免出血。因出血的伤口容易感染，引起死亡。

金丝雀经常直接接触阳光会使艳丽的羽毛退色。萝娜种金丝雀直接接触阳光或在光线比较亮的地方，就会情绪兴奋而引吭高鸣，致使鸣声变得粗硬。所以金丝雀每天在柔和的太阳光下晒一小时就够了，不可多晒或暴晒。晚间，最好用笼罩围住鸟笼，不要让它遭受风吹或蚊虫叮咬。眼皮或脚趾被蚊虫咬后，会起泡、溃疡、流黄水。鸟儿吸食溃疡处的黄水还会引起气喘，死亡率很高，并且能传染其他鸟。夏季天气炎热可把鸟笼放在蚊帐里，以防蚊虫叮咬。

每年 7—11 月份是金丝雀脱换羽毛的时期。身体衰弱的往往在这个时期死去。就是健康的鸟，饲养管理不当也容易感染疾病。因此在鸟儿换羽的时候，应加喂 10%菜子和乌贼鱼骨粉。换羽时要避免风吹，风吹后会患失音病，致使许多本来很会鸣叫的鸟儿不会叫了。在冬季要注意防寒及温差的变化。切不可把原来放在暖室内的鸟儿立刻移到寒冷的地方，因为温度的骤然变化，会使鸟儿得病，甚至死亡。

虎皮鹦鹉

又名阿苏尔、娇凤、彩凤、鹦鹂。属鹦形目，鹦鹉科。原产澳大利亚南部。

虎皮鹦鹉头圆，嘴强大，钩曲，基部有蜡膜；头及上体有黑色横纹及斑点，斑纹似虎皮；四趾中两趾向前，两趾向后，适于攀树、攀物；尾长呈楔状，绿黄色的为多。近五十年来，我国山东和江苏有较多人饲喂虎皮鹦鹉，城市也有人饲养，虎皮鹦鹉已进入家庭。

1. **鸟的特点**。虎皮鹦鹉的品种很多。主要从颜色上区分。大致可分为波纹类，有蓝、黄、绿等色，上体有黑色横纹。淡色类，上体深黄，腹部绿色和上体白色、腹部蓝色两个品系，翅上有黑色斑点。玉头类、黄色类还有近期培育的白色或灰白色的虎皮鹦鹉，眼亦有的变成红色。雌雄鸟的区别方法是：以鼻部特征来加以鉴别。一般雄鸟额前凸起的鼻部表面呈蓝色，有的还微微泛红；年老的雄鸟鼻部表面呈蓝色并较深。雌鸟的鼻部表面呈乳白色或褐黄色；年老的雌鸟鼻部表面上常有一层褐色的皱纹。

幼鸟不易区分，一般雄性幼鸟鼻部表面呈淡红色，鼻孔边微带白色或蓝色。雌鸟的幼鸟鼻部呈乳白色，鼻孔边微微泛红，但不太明显。

2. **笼的选择**。虎皮鹦鹉由于嘴强有力，喜欢咬啃木质，故不能用竹笼，要用金属丝笼。繁殖笼大小可以 40×40×40（厘米^3），用铁骨架和铅丝网制成。繁殖笼中放养一对为宜。单只饲养可用普通金属质网笼即可。

3. **饲养管理**。虎皮鹦鹉喜欢吃带壳的种子。平时可喂谷子、黍子、稗子或穇子等。可单喂一种，也可混喂（6∶3∶1）。经常给些蔬菜，如油菜、白菜、胡萝卜丝、西红柿等。为补充微量元素的需求和增加消化能力，适当加喂沙粒和黏土块。育雏期补充鸡蛋小米和加少量苏子，一般1/10。食、水、菜应随时注意添加更换。食换前把谷壳去掉，将剩的菜取出，再添新料。水要经常更换，保持水的清洁和水质卫生。每周清一次笼底和沙粒，夏季两三天换一次。冬季温度应保持 15℃以上，以利繁殖。

虎皮鹦鹉四季繁殖，一年可繁殖 4~5 窝。每巢产 4~6 枚白色圆卵，隔日产 1 枚，产第 3 枚卵后雌鸟开始孵化，雄鸟喂雌鸟，孵化期 18~20 天，育雏期 25~35 天。

虎皮鹦鹉的巢制作方法：用 2 厘米厚的木板，钉成 18 厘米×18 厘米×20 厘米（长×宽×高）的木箱，在箱内三分之二处用隔板隔成二层，下层作孵卵窝用，再在隔板的一端开一个直径 5 厘米大小的圆孔，使孵化窝与巢箱上部相通。在巢箱上部的侧面上还要开一个直径 5 厘米的出入圆孔，在出入圆孔下装一块 8 厘米宽的栖板，供鸟出入巢箱用。孵卵窝的底板要用 3 厘米厚的精糙木板，并在中间挖一个直径约 7 厘米、深 1.5 厘米的圆形凹槽，供鸟孵卵。暗巢的侧面或背面最好做成可上下抽动的活动闸门，以便观察。孵卵、育雏初期的雌鸟特别警觉，不应轻易搬动箱笼和视看巢箱内卵和雏，尽最大努力保持周围环境安静。如遇吃卵和不孵的亲鸟要淘汰，对小鸟人工饲辅亦可，一周到 10 天离巢箱的幼鸟可与亲鸟分居。

饲养虎皮鹦鹉要注意粪便和精神状态，由于虎皮鹦鹉不洗澡，身上易长虱子，甚至还会生吸血虫，以致造成母鸟停止育雏。防治办法是将巢箱进行预防消毒，巢箱的角落里撒上一些除虫菊，也可用其他消毒液消毒，但要浓度适中。

4. **驯养和调教**。虎皮鹦鹉和文鸟一样可用手擎着玩。培养技艺时也要从小训练。选用初雏 12~13 天，翅上羽毛 6~10 毫米的雏鸟。人工进行饲养，以青菜拌鸡蛋小米为饲料，每隔 1.5 小时左右喂一次。喂雏方法是：用左手轻轻握住雏鸟，右手将少量饵料用小竹匙填入雏鸟口中，雏鸟一饿就会张嘴要吃。每次喂到嗉囊鼓为止。雏鸟会自己啄食后可放手上饲喂，并可用食物引诱它们爬梯子、翻筋斗、跨绳子。喂食时长期吹哨可形成条件反射。当鸟听到哨声可从四面八方飞来啄食，那真是活泼可爱，给人以莫大的情趣。

绯胸鹦鹉

又名海南鹦鹉、鹦鹂、达摩鹦鹉，属鹦形目，鹦鹉科，分布于云南南部、广西、广东及海南岛。

绯胸鹦鹉羽毛艳丽，上绿下红，有长长的楔状尾，十分漂亮。雄鸟上嘴红，下嘴褐色，头顶蓝灰色，额基至两眼有一条黑纹，下嘴基部至颈两侧有宽黑带，眼周围绿色，喉和胸红色；雌鸟上、下嘴均为黑褐色，头部发蓝，喉和胸橙红色。多栖山地的阔叶林中，常结群繁殖，一棵树上可有几个巢。每巢产3~4枚白色卵。

1. **鸟的特点**。成鸟雌雄根据上嘴颜色就可区分。雄鸟红色，雌鸟黑褐色。幼鸟的雌雄较难区分。

此鸟颜色好看，悦目，讨人喜欢，尤其有的可以驯教。可完成技艺和“说话”，模仿人语。

2. **笼和笼架的选择**。家庭单只饲养一般采用小型金属架，形状可制成弓形、圆形、椭圆形，架的两边可以放加食水罐（金属的）。驯熟的鹦鹉可放在架子上，用脖练锁好，挂在屋沿下或走廊中，见人“说话”颇有情趣。成群饲养必须用大的金属丝笼或笼舍。

鹦鹉架的使用，鹦鹉架挂钩的地方应该牢靠，要拴住鹦鹉脚，脚链轻而结实，可有金属光泽，更带有华贵色彩。

3. **饲养管理**。可喂稻子、葵花子、花生。比例7∶2∶1，平时每天喂点水果，夏天可喂西瓜。

笼舍饲养，笼底宜铺细沙，便于鹦鹉在地面行走，也利于卫生和清扫。粪便和吃剩的水果蔬菜、粒料壳每周清除2~3次，更换后可进行消毒。

繁殖：绯胸鹦鹉的繁殖较困难。根据记录和有人实践结果，孵化期为23~24天，育雏期20~25天。室内繁殖不易成功，但在天然情况下和自然界易繁殖。繁殖期间必须避免惊吓，注意营养，注意饲料的配化，若已经繁殖亲体需增加营养，可加喂熟鸡蛋。

鹦鹉类的其他可参考上述方法处理。

禾雀（文鸟）

又叫灰文鸟、灰芙蓉、文鸟、白芙蓉。

1. **鸟的特点。**

禾雀体长 13~14 厘米。头部、喉部和尾羽均为黑色。两颊有白色大斑，眼的周围有红色眼圈，嘴淡红色。背部及翅为苍灰色，腹部浅紫红色。在人工培养下全身羽毛白色、花斑的变种。雌雄基本上同色，但雄鸟嘴峰弧度大，雌鸟嘴峰弧度小，差别比较明显。此外雄成鸟善鸣，并喜欢在栖木上跳跃；雌成鸟羽色较暗淡。雏鸟很难分出雌雄。

雏鸟羽色一般有两种，一种背部呈鼠色，腹部呈淡灰色，俗称灰芙蓉；另一种全身白色，俗称白芙蓉。

生禾雀主要以禾本科及其他草类种子为食，在热带是稻米及其他农作物的大敌。此鸟在产地是一种较普通的鸟类，田园或城镇附近都能见到它。常在房屋的屋脊上或其他建筑物上筑巢繁殖，人工饲养下容易繁殖。

原产于马来半岛、苏门达腊和爪哇等地。目前各国都有饲养。

2. **鸟的饲养与管理。**

（1）禽舍或箱笼。

饲养禾雀的禽舍如前所述。用箱笼饲养，应选择宽大一些的，面宽和高度至少要 45 厘米，深度为 40 厘米左右，即所谓“尺五”箱笼。

（2）人工巢箱或大型巢壶。

禾雀繁殖最好用巢箱，有了巢箱，它才能心安理得地孵卵。如果使用巢壶，则一产卵就变得非常过敏、性情变得暴躁。若非用巢壶不可，唯一的办法是将巢口朝向旁边，不要让人看见巢中的东西。如用白纸把箱笼前面的铁丝网挡住一半，使笼中的光线暗一些更有利于鸟儿伏窝抱卵。用禽箱或巢壶都不可中途任意改换，改换了则要到习惯以后才能产卵，很费时间。巢箱里面可以放上巢皿。

巢草可用茎草根、棕榈纤维或碎干草，供鸟儿营巢。到要产卵的时候，就要供给软的铺垫材料。可在笼底铺上一张旧报纸，让鸟儿用嘴撕破报纸，将纸屑衔入巢中铺好。禾雀的巢箱一般采用卧式人工巢箱，也可用直径 11 厘米左右的竹筒代替，只在竹筒的侧面开一直径为 5 厘米的洞口。

笼内栖木要粗一些，一根或两根都可以，但要安装牢固。大型箱笼一根足够，以便鸟儿有足够的空间自由飞翔，防止体内脂肪过多，患不育症。

笼内用普通食缸、水缸就可以，这种鸟吃食不会用嘴乱扒拉。

禾雀特别爱水浴，要把水浴器及套子一起放入箱笼中，供鸟儿洗澡。套子可防止把箱笼弄湿。

禾雀的主食为稗子、小米及黍子，其比例是：稗子 6 份、小米 3 份、黍子 1 份；也可用稗子 4 份、小米 1 份。此鸟最爱吃稗子，如果小米与稗子各半则会剩食。

因禾雀的原产地是产稻区，原是食稻谷为主的害鸟，故在现在的饲养条件下仍旧爱吃稻谷，所以要喂给一些碎稻谷，以增进健康。碎稻谷的供给量为主食的 10%为宜。碎稻谷最好放在单独的食缸中。不和主食混合在一起。

保健饲料为青菜，要充分供应。各种青菜都可以喂，以白菜及油菜的茎为最好，可连菜叶一起喂给。

发情饲料为蛋大米，用新大米 100 克，加蛋黄一个制成强饲料使用。用蛋小米也可以，不过与蛋大米相比之下，鸟儿不太爱吃，应培养它们吃。

矿物饲料牡蛎粉、骨粉和多种维生素也应充分供应。

（3）配对。禾雀孵出后 7~8 个月即发育成熟，初春孵出的到当年秋季就可用来配种繁殖。只要温度适宜，全年都可繁殖。但繁殖窝数过多有损雌鸟健康，一般每年繁殖 4 窝较合适。

禾雀于 7 月前后进入换羽期，8 月即长出新羽毛。换羽完毕以后可在 8 月初开始喂给发情饲料，让它们水浴。8 月中旬开始衔运巢草营巢，完成后马上可产卵，每天产一枚，一般每窝产 4~7 枚。在产期，对雌鸟要十分注意关照，因雌鸟由于卵结而死亡的情况很多。如果发现雌鸟在那没有精神，多半是患了卵结，要马上用滴管从口部灌蓖麻子油，也可自肛门灌。

（4）孵化。禾雀产完第 3 枚卵后即开始孵化，一般 18 天出雏，南北方可因气温高低有 1~2 天误差。孵化 7~8 天后就应验蛋，易受惊的鸟可推迟几天验蛋或者不验蛋。雏鸟出壳后，雌鸟出来吃牡蛎粉的次数增多，饲养者见到此种情况可判断雏鸟已出壳。雌鸟在孵化期间可暂停喂给大米饲料。

（5）育雏。禾雀雏鸟出壳后，自己不会吃食，需靠亲鸟喂养。这时要供给较弱的雏鸟饲料——蛋小米（卵黄用量减半，其制法参看本书第三部分）。同时要喂细牡蛎粉。雏鸟出壳 10 天后即可睁开眼睛，15 天后长羽毛，30 天后即可出巢。禾雀的雏鸟要经过很长时间才独立吃食，一般出壳 45 天以上离开母鸟比较安全。幼鸟身体较虚弱，应注意气温冷热变化。成鸟有较强的御寒能力，成活率较高。

3. 手玩禾雀的饲养法。

饲养方法与手玩文鸟的饲养方法相同。

禾雀是世界各国最大众化的笼鸟之一，它的形态和羽色优美，在人工饲养下容易繁殖，还可驯化为手玩鸟，为人们表演各种有趣的技艺，深受国内外笼鸟爱好者欢迎。特别受欧美、日本人的欢迎。出口量较大。

禾雀对周围环境污染能做出迅速反应，近年来，被利用来监测环境污染。例如，在化工厂或化学实验室饲养的禾雀，出现异常时就说明空气中的有害气体已达到危险程度，应及时采取防护措施。

名鱼饲养

金　鱼

金鱼是我国培育出来的名贵观赏鱼，从发现金鱼到现在的千余年间，经过人们驯化培育、杂交和选种，已形成了160多个金鱼品种，新的品种还在不断出现。这些品种的金鱼，无论是体形、体色等各个方面都与金鱼的祖先——金鲫鱼大不相同，以至很难使人相信金鲫鱼竟会是金鱼的祖先。但是，凡是繁殖过金鱼的人都会发现，无论是多么奇特的金鱼，在它们的后代中，都会出现一些单尾、体形及体色都很像鲫鱼的个体，这就是所谓返祖现象，是金鱼的祖先为鲫鱼的一个证据。

目前还没有金鱼的统一分类标准，比较一致的意见是根据金鱼的体形、鳍、眼等的差异，把它分为四大类：

（1）金鲫种（草金鱼）。是金鱼的原始类型，体形和鲫鱼相似，呈纺锤形，身体侧扁狭长，头侧扁而尖，眼小，单尾鳍，体色有红色、银白色、花斑等。金鲫种体质强健，游动迅速，生长快，容易饲养，不怕人，经驯养后能随人的拍手声列队而游，若喂以食物，则群集水面争食。适合养在公园或庭院的水池中。

(2) 文种。体形短圆，头嘴尖，眼小平直，不凸于眼眶外，各鳍发达，俯视鱼体，犹如“文”字，故名文种。体色有红、红黑、红白、蓝、五色花斑等。有60多个品种。

(3) 龙种（龙睛）。体形短，眼球大而凸出于眼眶外，犹如龙的眼睛，故又名龙睛。凸出的眼球有各种形状，如圆球形、梨形、圆筒形、葡萄形等。体色有红、白墨色、红白花、五色花斑等。自古以来，龙种被当作金鱼正宗。1895年从广东传入日本，日本称它为“中国金鱼”。

(4) 蛋种（蛋金）。鱼体短缩如蛋形，最主要的特征是没有背鳍。其他各鳍短小。眼平直，不凸出于眼眶外。尾四开，有长尾与短尾两大类。体色有红、白、五色花斑等。它的生活力较龙种与文种为强，生长速度快。此类的名种较多。

1. **金鱼的选购**。选购金鱼要注意以下几点：

(1) **体形是否符合要求**，各种金鱼均有本品的特征，如选购虎头、高头、鹤顶红等，要选头部、鳃盖上肉瘤最发达宽大的；水泡眼，要选眼水泡大、左右匀称、表面光滑的；龙睛，要选眼球发达、凸出眼眶外，犹如虎眼的；珍珠鳞鱼，要选珠粒粗大，自背到尾排列整齐，腹膨、头尖尾大者。

(2) **色泽是否鲜艳一致**，金鱼的色泽应鲜艳，全身红色的应无杂色；朝天龙不但眼位朝天，更应注意眼圈的金色光泽好不好。

(3) **鱼体是否健康**，看好鱼的品种和色彩以后，不要急于捞，一定要用足够的时间进行观察，看它们有无疾病和其他异常现象。要选身

上无白点，无白色绒毛，无血丝、溃烂，胸、腹、尾、鳍、鳞齐全，并能正常游动的；对那些急游或翻滚，侧卧或倒立、沉底的鱼不能要。

2. **金鱼的饲养。**

饲养金鱼首先要选择好场地，由于金鱼喜欢阳光和良好的通风环境，所以要在少树木和无高大建筑的地方修建鱼池。此外还要考虑到水源电源等条件是否便利。

饲养金鱼的容器主要有以下几种：

（1）水泥池。有用砖和水泥砌成的和用水泥和钢筋捣制的。第一种水池在冬天容易被冻坏，次年还要重新维修，既费工又费料。因此如果经济条件允许，最好采取第二种水池，既便于管理与观赏，移动起来也方便。这种池子有 6 平方米和 4 平方米两种。一般壁高 40 厘米，厚 4 厘米。

（2）塑料池。是一种比较简易的鱼池，先在地上挖一个大土坑，然后把塑料薄膜衬在里面，灌上水以后就可以使用。

（3）鱼盆。相比之下，鱼盆是最好的养殖容器。有陶盆、瓦盆和木盆。因为金鱼的体形、眼轮和鳍的生长都表现出对容器有一定的适应性。用盆养出的金鱼腹大而圆，尾鳍非常发达，游动时候特别优美。

（4）玻璃缸。如果饲养的数量不多，可以在室内用玻璃缸养。由于玻璃透光性强，所以应把鱼缸放在半光下或有遮荫设备的地方。夏季要注意不要把鱼缸放在阳光下直晒。

饲养金鱼更换新水非常重要。新放出的自来水或进水未经晾晒，称为生水。生水经过晒晾后与原鱼池水温相近，就叫新水。在换新水时，应适当地兑入少量老水。

金鱼的饲料有活饲料和代饲料两种。活饲料有水蚤虫、孑孓、水蚯蛔等。代饲料有小米饭、面包渣、豆饼渣、水草等。活饲料的优点很多，新鲜、易消化、营养价值高，因此要多喂活饲料。

3. 金鱼过冬的管理。

冬天来临，天气寒冷。如何保证金鱼“欢欢乐乐”地安全过冬呢？请注意以下几点：

（1）**室温要适宜。**30~15℃为适宜。入冬前，可在玻璃缸外用棉絮裹住，缺面也可遮些暖和东西，留些通气孔，夜遮昼敞以防夜寒。

（2）**鱼缸要放好。**鱼缸口的直径要大于鱼缸的深度，方形、长方形鱼缸口比圆形鱼缸口面积大，且空气多，玻璃鱼缸底需要铺粗沙或卵石，以保持水的清澈。昼置朝阳南窗口，光线充足，切勿放在北窗台或门旁，以免室外寒风直袭水温下降而冻坏金鱼；也不能放在暖气和火炉旁，以免水温升高，使缸内水中氧气稀薄而窒息金鱼。

（3）**缸水要适量。**冬季的金鱼，一般进入半休眠状态，故适宜于浅水，并且换水不要过勤，要以老水为主。水质要清净，不能直接用自来水，最好用雪化的水并存放几天后再用，换水温度要适宜，以 20℃左右为宜。

（4）**喂食要少而精。**冬季金鱼食欲减少，喂食要活、要精。没有活虫和水蚯蚓，可购干鱼虫喂，还可将虾米、虾皮洗净凉干切碎后喂鱼，鲜活的河、湖小虾切碎喂食更好，有利金鱼补身壮体，安全过冬。

金鱼常见病及其治疗

（1）**白点病。**病鱼皮肤和鳍上有一粒粒小白点。治疗方法：把鱼缸内的水彻底换掉，将病鱼放在每公斤水含 1 片 50 毫克呋喃西林的溶液中浸洗 1 周；或用千分之一到千分之三的醋酸亚汞溶液浸。洗 30 分钟。

（2）**烂鳃病。**病鱼鳃丝腐烂，鳃盖骨的内表皮往往充血。一般可用百分之一比例的漂白粉溶液混合在鱼缸的水中进行治疗。

（3）**松鳞病。**此病常在春季流行，表现为鱼鳞松竖，体表粗糙。可用百分之三的食盐水浸洗病鱼。

（4）**白毛病。**又称水霉病，菌丝向外生长成棉毛状菌丝，可用万分之四的食盐水和小苏打混合浸洗病鱼。

（5）**车轮虫病**。车轮虫聚集在鳃的内缘或鳃丝的缝隙里，使鱼鳃组织腐烂，鳃丝软骨外露，影响鱼的呼吸机能，使鱼致死。可用百分之七的硫酸铜溶液注入鱼缸内进行治疗，也可用百分之二十的高锰酸钾溶液浸洗病鱼 15~30 分钟，也有效。

热带鱼

热带鱼是指在热带地方所产的鱼类。一般养来观赏的热带鱼，是指在热带淡水所产的鱼类。至于在热带海水中所产的鱼类，则称为热带性海水鱼。此外，还有一些本来并不产于热带地区，而是产于温带地方的品种，也因为经过人们长期的驯化，逐渐适应热带地区的环境，这种鱼类也可称为热带鱼。

通常在我国市场上出售的热带鱼，大部分是淡水鱼，属于海水性的则很少。有些特别的种类，原本是属于海水性的，但是经过人们长期的驯化以后，已经习惯于淡水生活，这也可称为热带鱼。

热带鱼的分类

根据热带鱼的繁殖习性，可以把热带鱼分为两大类：卵胎生热带鱼和卵生热带鱼。

（1）卵生热带鱼：雌鱼排卵在水中，在体外受精，受精卵在体外发育成小鱼。如斗鱼等。

（2）卵胎生热带鱼：雌鱼产出的不是卵，而是小鱼，但它与兽类的胎生不同，它既无胎盘也没有脐带，胚胎不直接从母鱼身上吸取营养，只是受精卵在母体内依靠卵本身的养分孵化成仔鱼然后产出。为了区别于真正的胎生，把这种繁殖方式叫作卵胎生。如孔雀鱼、剑尾鱼等。

卵胎生热带鱼在体内受精，雄鱼的臀鳍有一部分鳍条变态成伸长的交接器，平时后伸与身体平行，交配时向前伸出插入雌鱼的泄殖孔中同

时排出精子。卵胎生鱼的繁殖方式比一般卵生鱼的繁殖方式复杂完善。卵在母鱼体内受精和发育，可以减少外界不良因素的影响，因此受精率高，胚胎发育良好，产出的仔鱼体形较大，生活能力强，容易饲养和繁殖。所以养热带鱼最好先从卵胎生鱼入手，这样容易取得成功。

热带鱼的饲养：

热带鱼以它五彩缤纷的体色和光怪陆离的体形，以及在繁殖上的奇特习性，使得人们产生了极大的兴趣。

饲养热带鱼的原理与饲养金鱼很相似，要求饲养水面比较宽阔，并且要与饲养的数目保持正常比例，以保证热带鱼具有充足的氧气供应。

热带鱼不适合低温环境养殖，因为它来自热带或亚热带水域，所以水温应保持在20~27℃之间。水温如果过高，鱼的代谢旺盛，会消耗过多的氧气，对鱼的生长很不利；水温如果过低，热带鱼的一切生理机能便会减弱，会使食欲降低，很容易得病致死。此外，还要避免水温的急剧变化，一般允许变化的温度范围为2℃。

由于热带鱼常年生活在温水中，因此一年四季均有良好的食欲。一般在投喂活红虫时可以适当多投喂，投喂量以2小时以内吃完为宜。投喂干饵料要少些，要控制在10分钟左右吃完为宜。仔鱼、幼鱼每日可以多喂几次，成鱼每日只投食一次。因为饲养水温较高，剩余饵料很容易变质而影响水质，所以饲喂量应保持在喂后没有剩余，即便有也应是剩余量极微。

热带鱼对光线的要求不高，每天有 2 小时的直射光就足够了。因此，只要把鱼缸放在光线明亮的地方，热带鱼就能生活。如果光照过强，会使水温升高，青苔极易繁殖并且非常茂盛，这种青苔很不利于鱼的生长，还会影响水缸中水草的生长，容易枯萎。并且玻璃缸若生青苔会影响视线，妨碍观赏。为了控制青苔的生长和繁殖，可以在缸内适当养一些外形美观的螺蛳，因为它们不仅可以吞咽青苔，澄清水质，还能增加水中的情趣和景色。

在饲养热带鱼时，由于水温高，鱼的排泄物容易腐败变质，导致细菌和寄生虫的滋生。因此必须高度重视水的清洁。每天用吸管吸去水底沉积的剩饵和排泄物，用纱布撇去水面的污物，并采取部分换水。换水量在 1/5 比较合适。热带鱼不宜经常全部换水，否则容易得病，一般在三四个月换一次，如果平时管理得好，换水时间还可以适当延长。

另外，在水缸中栽植水草也非常重要，不仅可以为鱼的绚丽多彩的颜色作各种绿色的衬景，增加观赏效果，还可以为鱼儿提供栖息和繁衍后代的场所。较常用的水草有皇冠草、神仙草、亚马逊剑草和启子草等。

几种热带鱼的饲养

神仙鱼。神仙鱼又名燕鱼、天使鱼。全长可达 15 厘米。从神仙鱼的侧面来看，它很像掠空而过的飞燕，故有燕鱼的美称。神仙鱼是一种著名的淡水热带观赏鱼，它的美丽形象简直成为热带鱼的代表，只要一提到热带鱼，就是对热带鱼了解不多的人也会立刻联想到神仙鱼。

神仙鱼形状奇特，性格温顺，虽然颜色不是那么妩媚动人，但是举止婀娜多姿，几乎每个热带鱼饲养者都希望并且饲养着神仙鱼。神仙鱼体略近圆形，呈银色光泽，间有四条黑色的粗条纹，鱼鳍长似轻飘飘的衣带，那种悠然自在的姿态，真有点像神怪小说中的神仙风韵，所以人们给以“神仙鱼”的称号。

1. **神仙鱼雌雄的鉴别**。神仙鱼的成鱼雌、雄鉴别不难，饲养者可根据下面的差异来鉴别它们：雌成鱼头顶平滑，雄成鱼头顶凸起；从神仙鱼的身后望去，雌成鱼腹部膨大，雄成鱼腹部正常；产卵前，雌成鱼伸出排卵管，雄成鱼伸出排精管，排卵管与排精管大小形状不一样。

2. **神仙鱼的饲养**。神仙鱼性情温驯，容易饲养。最好饲养在大鱼缸里，缸底铺砂，并种几棵大型水草，每天最好能接受几个小时的直射日光。如果条件不许可，可用每天 8 小时灯光来代替。适量的光照可增强神仙鱼的体质，促进生长繁殖，并使色泽更为艳丽。

神仙鱼对水质的要求不甚严格，水的酸碱度以中性或弱酸性的软水最适宜。鱼缸内的水要清澈干净，水温保持在 20~30℃生长良好。神仙鱼不耐寒，水温 15℃时死亡。它性好静，最好单缸饲养。白天常静栖在水的中下层，受惊时突然窜动，夜间较活跃。喜欢吃活的动物性饵料，如鱼虫、孑孓等。最好不喂给小鱼，以免使其性情变得残暴，在繁殖期间吞食自己所产的卵子。

3. **神仙鱼的繁殖**。挑选最健壮的雌雄鱼，全长在 8 厘米以上的神仙鱼做亲鱼。并给自选配偶的机会，才能获得较满意的繁殖结果。它们一般不乱交配。

要用较大的长方形玻璃鱼缸来进行产卵孵化，才能获得较高的繁殖率。长方形玻璃鱼缸最理想的规格是 90×45×45（厘米），最小也要用 60×30×30（厘米）。缸底部辅上细砂。神仙鱼爱产卵在磁砖、花盆、瓦片、宽阔的水草叶片上，可根据具体条件选用。使用磁砖作产卵板时，它应以 45°的倾斜面放置在产箱一角。使水草作为产卵物品时，应该把它种在花盆里，然后再放到产箱中。

产卵前，雌鱼的口吻不停地开合，急促地呼吸。雌、雄两鱼先要“清洗”选定的产卵地点，俗称“舔板”。尔后开始产卵。雌鱼所产的卵是排成一列的。雌鱼产卵后，雄鱼就在卵上进行射精。产卵的周期一般为 2 周一次，产 3~4 次，整个产期 3 个月左右。鱼卵黏附承接物上。此时，要喂给亲鱼足量鱼虫，保持水质清洁。

繁殖缸内的水温保持在 26~30℃为宜，如水温在 20~23℃，孵化期约需7天；如在25~26℃，孵化期约需2天；如在30℃，只需1昼夜便孵化出幼鱼。水的酸碱度一般以6.6~7.2为宜。有些神仙鱼有自食其卵的坏习惯，因此，在雌鱼产卵受精后，应将亲鱼分开饲养。神仙鱼卵孵化需要大量氧气，所以繁殖箱要配备一台气泵，以增加水中的溶氧量，提高孵化率。有些习性良好的亲鱼，不但不吃鱼卵，而且守护它们产下的卵，同时还要用胸鳍拨水促进孵化。繁殖期用水硬度为9~11度。

仔鱼在孵化后的第五天至第七天已能自由游动，这时仔鱼腹中的养分也消耗完了，应喂给草履虫等细小的食饵。

珍珠鱼。珍珠鱼又名珍珠马甲鱼，是一种很美丽的热带鱼。全长可达10~13厘米。全身绿褐色，布满闪烁的珠点，身体两侧各有一条黑色线纹，由吻端直至尾的基部，尾柄末端有一个大黑斑。腹鳍变成触须状，长达尾部，呈桔红色。这是珍珠鱼触觉器官，常常可以看到珍珠鱼象人使用双手那样使用它们的须状腹鳍抚摸缸里的食物或其他东西。

珍珠鱼的性情温驯，不互相争斗，和其他热带鱼混养都能很好相处。

1. **珍珠鱼雌雄鉴别**。雌、雄鱼大小差不多，体色也相似，但仔细观察也能区分雌、雄。雄鱼的背鳍和臀鳍尖长，而雌鱼的背鳍和臀鳍比雄鱼短而钝圆。另外，在繁殖季节，雄鱼的胸部呈橘红色，比雌鱼色泽鲜艳，腹鳍变长。雌鱼腹部膨大。

2. **珍珠鱼的饲养**。珍珠鱼习性胆怯、文静，喜欢栖息在浓密的水草丛中。最好用大鱼缸饲养，缸底铺砂，并种植水草。在仅种有少量水草或完全没有水草的鱼缸里，可放入一个没有底的花盆，以供珍珠鱼藏匿、休息。

珍珠鱼爱在水的上层游戏，休息时爱停落在饲养缸底。它对水质的要求不严格，在水温21~32℃条件下生长良好。珍珠鱼不择食，活饵干饵都爱吃。但珍珠鱼的抗寒力不强，水温15℃时即冻死。饲养此种鱼必须要加温设备。

3. **珍珠鱼的繁殖**。珍珠鱼是吐泡营巢的热带鱼。需要选用规格为

60×30×30（厘米）的长方形玻璃鱼缸作繁殖缸。要求缸内水的酸碱度为6.8~7.2，硬度为7~9度的水质条件下进行繁殖。水温在繁殖时应在26℃左右。水的高度为鱼缸高度的一半。缸内种植几棵水草。

选择全长在9厘米以上雌、雄鱼各1条做亲鱼，放入繁殖缸中。雌鱼产卵前，雄鱼先在水草旁吐泡修建泡沫巢，雌鱼不参加筑巢工作。泡沫巢做好后，雄鱼就追逐雌鱼，将它赶到巢的下方，如果这时卵已成熟，雌鱼就不逃避，两鱼身体互相靠近，接着身体扭曲在一起，在巢的下方翻转身体，由生繁孔排出卵子和精液，进行体外受精。这种鱼卵是浮性卵，亲鱼小心地把它储藏在泡沫巢中。产卵完毕，雄鱼就毫不客气地把雌鱼赶走，自己单独看守巢和卵。在这个过程中雄鱼有时会把雌鱼咬伤甚至咬死。为了避免发生上述情况，应把雌鱼捞出。

雄鱼专心地守候在巢下，并经常吐出气泡维修泡沫巢。一对亲鱼每次繁殖可产卵200枚左右。受精卵经48小时孵化出仔鱼。仔鱼在孵化后的第三天始能自由游动，这时应把雄鱼捞出繁殖缸，因为有些饥饿的雄鱼会吃自己的仔鱼。

吐泡营巢鱼类的仔鱼非常小，小的鱼虫也难以吞下，应该喂给草履虫、鱼粉、蛋黄水，也可以投放一些含有浮游动植物的绿水。两星期后就能吃小鱼虫了。

接吻鱼。接吻鱼又名亲嘴鱼、吻鱼、吻嘴鱼、接吻斗鱼。体型较大，扁鸭蛋形。全长7~30厘米。这种鱼有一种奇异的习性，就是两鱼相遇时，不管是雄鱼或雌鱼，即两嘴相对，作接吻动作，故名接吻鱼。

接吻鱼的颜色淡雅，鱼体呈白色，面稍带粉红色，但也有呈青灰色；眼黑色。

接吻鱼为什么要接吻现在还不清楚。但绝不是象人类异性间的相爱行为。有人认为这种动作是一种“口癖”，也有人认为这是从对方口中吸食的一种习惯。

1. **接吻鱼雌雄的鉴别**。接吻鱼的雌、雄很相像，幼鱼期较难从外表辨别雌、雄。成长后，雄鱼体形瘦长，臀鳍略为阔大，而雌鱼身体宽阔，臀鳍较雄鱼短小，腹部因充满卵子而膨大。

2. **接吻鱼的饲养**。接吻鱼个体较大，应饲养在大型长方形玻璃鱼缸中。它对水质的要求不严，在22~28℃的水温条件下生长良好。最适宜的水温为26℃，喜软质水，酸碱度以中性为好。当水温降低至临近接吻鱼的致死温度时，接吻鱼体呈僵白色，水温再行下降即可引起死亡。饲养此种鱼要有加温设备。

接吻鱼性情温驯，经常吮食鱼缸的青苔，生长快。喜爱在水的各层游动，不安静，特别是成鱼有时爱在鱼缸中撒欢，因此不能和安静的热带鱼混养。接吻鱼不择食，面包虫、剁碎蚯蚓、人工混合饵料、鱼虫干等都可喂养。

3. **接吻鱼的繁殖**。接吻鱼是卵生、不吐泡营巢的热带鱼。要选用规格为80×40×40（厘米）的长方形玻璃鱼缸作繁殖缸。要求缸内水的酸碱度是6.8~7.4，硬度为9~11度的水质条件下进行繁殖。水温在繁殖时应保持27℃左右。水中放入浮生水草。

接吻鱼约6~8个月性成熟。选择全长在20厘米以上雌、雄鱼1对做亲鱼，放入繁殖缸中。产卵时，雄鱼呈U形裹在雌鱼身上促使雌鱼排卵，雄鱼射精后，精液黏附于卵上。卵很小，呈油状浮在水面上。由于接吻鱼不吐泡营巢，又没有护卵的习性，亲鱼常常吞食鱼卵。但缸中的浮生水草，使卵不易被发现，避免了亲鱼的吞食。如果没有浮生水草，可将产卵后的亲鱼取出另缸饲养，以免吞食鱼卵；也可用线网罩于水面下约10厘米处，把水面上的鱼卵和亲鱼分隔开来。

一条雌鱼一次能产几百至上千粒卵。受精的鱼卵在24小时左右就能孵化出仔鱼。在仔鱼能游泳时，可喂给草履虫、蛋黄水、绿水等饵料；一星期后可改喂鱼虫，只要细心管理，成活率是可以提高的。因为鱼较难繁殖，刚孵出的仔鱼很小，往往吃不到所需的细小食物，因而成活率很低。

孔雀鱼。孔雀鱼又名彩虹鱼。体长3~5厘米，是热带鱼中最普通的种类。鱼体娇小玲珑，游动娇捷活泼，体色斑斓多彩，深受人们喜爱。雄鱼比雌鱼更美丽，在绿褐色的身体上掺杂着红、橙、黄、绿、青蓝、紫等颜色，好像天上的彩虹一样，故名彩虹鱼。鱼体上一般有几个蓝黑色小圆斑，圆斑周围有色泽较浅的轮环，很象孔雀尾屏上的眼状斑，故有孔雀鱼的美称。

孔雀鱼经过人们的长期培育，产生了许多品种。有的尾鳍特别宽大；有的尾鳍分叉如燕尾；有的全身变为金黄色；有的颜色特别美丽，犹如织锦。人们根据孔雀的体色、尾鳍等差异，分为不同品种。如普通孔雀鱼、扇尾孔雀鱼、长尾孔雀鱼、琴尾孔雀鱼、黄孔雀鱼等。品种繁多，千姿百态，很有欣赏价值。

如果你有兴趣，可将两个不同品种的孔雀鱼养在同一个鱼缸中，让它们杂交，再从它们的后代中选出自己喜欢的变异类型。经过几代培育，也可能获得新的品种。

1. **孔雀鱼雌雄的鉴别**。孔雀鱼的雌、雄鉴别比较容易，雌鱼的身体比雄鱼长而且肥大，体色单调，没有雄鱼身上那种斑斓的色彩；雄鱼的体色艳丽。

2. **孔雀鱼的饲养**。孔雀鱼是一种活泼的小鱼，饲养容易，适合初养者饲养。可饲养在中型长方形玻璃鱼缸中，水的酸碱度以中性为好，对水质要求不严格。对水温的适应性较强，在低达 15℃及高达 35℃的水里仍可正常生长一段时间。25~26℃水温是孔雀鱼最适水温。在水温下降到 13℃，孔雀鱼静伏在水底不吃不动，如果水温再下降即会死亡。因此饲养此鱼要有加温装置，特别在秋末、冬季和春季，要做好控温工作。

孔雀鱼的习性非常温和，从不和其他品种的热带鱼发生争斗，适于混养。孔雀鱼不挑拣食物，喂给他们鸡蛋黄、馒头渣也能生长，但最好喂鱼虫、线虫等活食。孔雀鱼也爱吃植物性饵料，它们经常啃食缸壁生长的青苔。还可喂给切碎并用水焯过的菠菜。

3. **孔雀鱼的繁殖**。孔雀鱼属卵胎生鱼类。需要选用规格为 60×20×20（厘米）的长方形玻璃鱼缸作繁殖缸。要求缸内水的酸碱度为 6. 8~7. 4，硬度为 6~11 度的水质条件下进行繁殖，水温在繁殖时应保持在 26℃左右。缸内要多种植一些浮萍和叶片茂盛水草（如金鱼藻）。

选择全长 3~4 厘米的同一品种孔雀鱼做亲鱼，雌雄比例为 1∶4。把雌、雄亲鱼放入另一个种满水草的中型长方形玻璃鱼缸饲养。雌鱼腹部逐渐膨大，这是怀卵的状态。这时雄鱼不断追逐雌鱼，或多方拦截雌鱼，最后雄鱼的交接器插入雌鱼的泄殖孔中同时排出精子，完成体内受精。

雌鱼受精后，腹部更为膨大，并出现黑色的胎斑。这时应将雌鱼捞出，放进已准备好的繁殖缸内。雌鱼产仔后，就应立即将雌鱼捞出，放进另外的鱼缸中。否则，它会吃掉仔鱼。

仔鱼自母腹产出后，沉下水底片刻，随即躲进水草中，缸中的水草和浮萍成为仔鱼躲藏隐蔽和歇息的场所。仔鱼在出生的当天，可不用喂食，第二天可喂给草履虫或鱼粉、蛋黄水。以后逐步喂给过筛的小鱼虫。

头尾灯鱼。头尾灯鱼又名信号灯鱼。全长 4～5 厘米。身体为半透明的银青色，鳍为浅橙黄色。它的眼部有一红色的眼帘，尾鳍有一金黄色的斑点，在恰当的光线照耀下，好像汽车的头灯和尾灯一样，闪闪发光，故有头尾灯鱼之称。如果鱼缸里养一群头尾灯鱼，缸内配上适应的灯光，看上去像提着灯笼游园的行列，非常好看。

1. **头尾灯鱼雌雄的鉴别**。头尾灯鱼的雌鱼和雄鱼体色相同，在幼鱼时期难以分辨雌、雄；长大后才能区分出来。雄鱼身体较为瘦长，背鳍略长而尖，臀鳍末端有一小钩，虽然用眼不易觉察，但是在用鱼网捞时常会钩住鱼网。雌鱼的体幅较宽些，怀卵时腹部明显膨大，背鳍钝圆，臀鳍没有小钩。

2. **头尾灯鱼的饲养**。头尾灯鱼可饲养在小型鱼缸中。它身体强健，活泼美丽，容易饲养，对水质要求不严格。它适宜生活在 25℃ 的水温，但在 21～30℃ 的水温条件下也能很好生长。水的酸碱度以中性最好。头尾灯鱼的性情温和，可以和其他品种的热带鱼混养。该鱼不择食，动、植物性饵料可喂养。

3. **头尾灯鱼的繁殖**。头尾灯鱼是卵生热带鱼。需选用规格为 60×20×20（厘米）的长方形玻璃鱼缸做繁殖缸。要求缸内水的酸碱度为 6.3～7.0，硬度为 4～7 度，水温在繁殖时应保持在 26℃ 左右。所需的水，可用煮沸晾凉的自来水，但要以气泵输送空气，因为凡经煮沸的水硬度降低了，但水中缺乏氧气。缸底放一层经洗净、开水消毒的细砂，并栽上一些叶茂的水草，如罗汉茜、小二仙草等。这些水草也要经过消毒，然后栽在繁殖缸内，以备产卵。

挑选全长在 4 厘米以上的头尾灯鱼做亲鱼，雌、雄比例为 1∶1。雌鱼要挑选性成熟饱满的；雄鱼一定要选择健壮的、色泽鲜明的。雌、雄先分开饲养 1 周，在产卵的前一天傍晚将雌、雄鱼放入繁殖缸里，翌日的黎明产卵。

为了避免雌、雄鱼自食其卵，在产卵完毕后，应将亲鱼捞出单独饲养。一对亲鱼每次可产卵数粒至数十粒，全部产完可达 100~1000 粒卵左右。

受精鱼卵在 24 小时左右孵化。仔鱼孵化后的第二、第三天，就能自由游泳。被孵化的仔鱼，腹部的卵黄囊还有营养物质来维持生活，如果它的腹部饱满，可不用喂食；要是腹部不饱满，就可喂给蛋黄粉末，但不可多喂，以少量多餐为原则，一天可喂 5 次。4~5 天后，就可喂给剑水蚤等动物性饵料，长成后便可喂给普通饲料。

五彩神仙鱼。五彩神仙鱼又名铁饼鱼、五彩燕鱼。全长 15~20 厘米，身体侧扁、接近圆形，有点象体育用具的铁饼。颜色优美，身体有 8~9 条黑竖纹，额、背鳍和臀鳍上布满色彩斑烂的花纹、全身色彩绚丽，娇艳多姿，有如舞台上艺人穿上艳丽的戏服一样，所以有“五彩神仙鱼”的美称。

五彩神仙鱼雍容华丽，放养在大型的鱼缸中甚为壮观。它那宛如满月的体形，色调和协的外衣，温文尔雅的游姿，赢得了“热带鱼皇后”的美名。

1. **五彩神仙鱼雌雄的鉴别**。五彩神仙鱼在仔鱼期较难辨别雌、雄，成长后较容易鉴别。雌成鱼的背鳍和臀鳍较长较大，颜色也较雄鱼鲜艳。此外，雌成鱼的腹部发黄，雄成鱼的腹部发红。

2. **五彩神仙鱼的饲养**。五彩神仙鱼应饲养在大型鱼缸中，它喜欢微酸性的软水。用自来水做饲养用水时，需经煮沸、晾凉去沉淀后，再用气泵通入空气。五彩神仙鱼是一种喜高温的热带鱼，饲养水温不能低于26℃，在26~30℃的水温下生长良好。饲养缸底可铺一层粗砂，并种植水草，放置山石，使缸内的环境尽可能接近原野生生活环境。

五彩神仙鱼非常胆小，因此饲养环境要保证安静。每天最好能接受1~2小时直射阳光。它喜欢吃蛋白质丰富的饵料（如人工配合饵料）、鱼虫、孑孓、蚯蚓等。也喜欢吃剁碎的鸡肝、牛心；喂前用水过一下再喂给。这种鱼不喜欢整天吃一种食物，所以食物要多种多样，并经常变换。

3. **五彩神仙鱼的繁殖**。五彩神仙鱼是卵生鱼类。需选用规格为90×45×45（厘米）的长方形玻璃鱼缸作繁殖缸。要求缸内水的酸碱度为6.4~7.0，硬度为3~5度的水质条件下进行繁殖，水温在繁殖时应保持在27℃。繁殖缸底铺上用开水消毒过的粗砂，种植1~2棵阔叶的皇冠草，并放入1个干净的紫砂花盆。为了保持环境安宁，繁殖缸四周要用纸遮住。

五彩神仙鱼是通过“自由恋爱”自选配偶的热带鱼，它们一般不乱交配。用作亲鱼的五彩神仙鱼必须从小饲养。选择10条全长2.5厘米的五彩神仙鱼，把它们饲养在一口大型长方形玻璃鱼缸里，每天喂给充足、营养丰富的动物性饵料，鱼虫、孑孓、蚯蚓、面包虫等轮换喂给。每3~5天进行部分换水一次，并用气泵充分供应氧气，2年后可用来做亲鱼。从中挑选自由配对的雌、雄鱼，放入繁殖缸中，每缸1对。

雌鱼将卵产在紫砂花盆上，每一期产卵4~5次，共产卵200~300粒。受精卵在2~3天孵出仔鱼，再经4~5天，仔鱼便可游泳了。因亲鱼有护卵习性及仔鱼孵出几天后要吸吮亲鱼身上的分泌物，所以亲鱼不能捞出。在此期间，要喂给亲鱼含蛋白质丰富的饵料、鱼虫、孑孓、蚯蚓等，保持水质清洁及环境安静，以免发生亲鱼吞食鱼卵。

对仔鱼的护理要十分细心，因意外的撞击或剧烈的振荡，容易引起仔鱼死亡。

摄影技艺

教师必备知识丛书

摄影常识

摄影，在一定意义上可以说是利用照相机进行绘画的一种艺术形式。它能够真实地记录各种人物、景物、场面等。在现代社会中，摄影已成为人们日常休闲生活中不可或缺的内容。外出旅游或节假日相聚，访友探亲或过生日等，都少不了用摄影的方式来助兴，以增添生活的乐趣。摄影，已成为人们当前休闲的一种时尚。

常见摄影失误和预防

在拍照过程中，由于思想不集中和环境干扰等种种原因，难免有时会失误。拍照时常发生如下失误情况。

1. 曝光不足、过度和景象模糊。原因是拍照时注意力太集中在被摄对象和构图而忽视了环境光线已有变化、相机与对象距离有了变动等因素而忘了重新调整光圈、快门和距离，又如照相机在光线暗弱处调焦较为困难，往往会调错距离，这时应与目测距离结合估算调焦距离是否合理。要防止上述这类差错，要在揿动快门之前，默念有词：盖、F、T、D、闪等，即复核镜盖是否揭开，光圈、快门和距离是否放对，以及闪光灯上电与否等，则就万无一失了。

2. 拍人像照时，取景并调焦距时间不要长，否则会使被摄者因聚精会神使眼睛疲劳，结果当开快门时正巧容易眨眼而拍出闭眼照片。妥善的拍法是：在上述时间内，让人家随意但身体勿动，等到对好光后要开启快门之前只要关照一声即拍即成，或问一声好了没有即拍即成。作为被摄者不应在表态过后却立即要求等一等拍，这时快门恰正在打开，则就难免拍出一张废照。

3. 在旅游景点因未带三脚架自拍，不要请不熟悉拍照的人代劳，常见在揿动快门时使照相机“点了头”而拍坏照片。

4. 在游览场所，人来人往频繁，因拍照调焦时要注意自己和同伴的物品包包，要放在可以照顾到的地方，以免被窃。

5. 遇到路面高低不平、溪沟河畔、山崖险境等处要特别注意安全，常因在取景时摄影者和被摄影者在后退和左右移动身体时可能发生跌伤、跌入河流甚至跌进深沟或山谷丧命。

6. 用三脚架拍照时，紧固螺丝一定要扳紧，三脚要开足；装上相机前用手试压其顶头是否结实并看清楚地面状态要使三脚站稳，不可勉强；遇到风力稍大时要衡量是否易被风倾倒，以防相机摔坏。

7. 在热闹地区拍照，时刻有来往人群阻挡镜头视线，这时须学会用右眼看取景框，用左眼留意左右两旁行人，就不会拍出恰巧被行人阻挡的照片，除非有自己人在拍照时阻拦他们通过相机面前。

摄影的用光

1. **室外自然光摄影。**室外自然光摄影，所采用的照明光源主要是太阳光。自然光分直射光和散射光两种：直射光是指太阳直接照射到物体上的光线，这种光较强，明暗反差大，有浓重的投影；散射光是指太阳透过云雾照射到物体上的光线，比较柔和，没有显著的明暗反差和投影。

室外摄影，自然光的照明是多变的，诸如天气的变化，拍摄方向的不同以及太阳与地平线构成的角度大小等，都直接影响着自然光的照明效果。一般将一天的自然光分为四个照明时间。

早晨与傍晚、太阳初升或太阳将落，即太阳在15°角以下时，光线比较柔和，光调悦目。潮湿的空气常常形成晨雾或暮霭，空气透视现象明显。太阳照射角度低，景物可以形成长长的投影。这种光线条件，适宜于拍摄表达情绪气氛的内容。用逆光或侧逆光拍摄大的场景，容易获得明显的空气透视效果，如遇有早霞、晚霞更能增添情趣。还可以把太阳拍入画面，将地面景物处理成剪影或半剪影，会使画面的气氛更加浓烈，给人以朝气蓬勃的感觉。

正常光摄影时间。太阳与地面成15°~60°角的这段时间，通常称为正常光摄影时间。这时的太阳入射角度适中，地面景物垂直面和水平面都受光，阴影部分也能得到地面反射光的辅助照明。因此，这时拍摄的景物清晰、明朗、层次丰富，有利于表达立体感、空间感和质感。这时拍摄人像，造型效果较好；如拍风光和情节性的主题，能获得色调分明，层次丰富，线条刚劲的效果。

顶光时间。太阳与地面成60~90角，也就是中午太阳当顶的时刻。此时阳光近乎垂直下射，光线生硬干涩，景物明暗反差极大。一般来说，这时不宜拍摄人物照片，因为顶光不利于形象的表现。若拍风光，因反差大，空气透视效果不好，景物不滋润，画面层次也不丰富。所以，人们常称顶光是摄影的死角时间。但是，也有人利用顶光的强反差，来刻画人物的刚毅性格，用稍仰一点的角度，拍摄出典型的人像照片。

天光摄影时间。黎明日出之前和黄昏日落之后，这段时间为天光摄影时间。这时地面上无直射阳光，日出或日落的一面天空很亮，地面景物由天空光照明。这种光线条件，不宜拍人像、风光等，可以用地面景物与天空的亮度对比来拍剪影。黄昏，还是拍夜景的大好时机，因此时天空还有一定亮度，能把地面景物的轮廓淡淡地勾划出来，这样拍的夜景，气氛比较真实。另外，天光照明，色温偏高，拍彩片环境偏蓝，加上暖色调的灯光，可以呈现冷暖相间的夜景效果。

2. **顺光摄影**。顺光，是指光源从拍摄方向正面射向被摄体的光线，所以也称正面光。在顺光的照明下，被摄体的正面均匀受光，投影落在背后，同被摄体重叠；画面的明暗配置，主要由被摄体本身的色调来调节。这种光线比较平淡，明暗反差小，影调层次也不够丰富，既不易表达景物的立体感和空间纵深感，也不利于表现物体的表面质感，因此，在摄影创作中除用它作辅助光外，很少用它作被摄体照明的主要光源。但在摄影实践中，有时因环境条件或时间的限制，也免不了要利用顺光拍摄，这就需要想一些办法来弥补顺光照明影调平淡、立体感不突出、空间感不强的缺陷，尽可能地使画面的影调层次丰富起来。

在顺光条件下摄影，可采用以下办法来弥补光线的不足：一是可充分利用被摄景物的线条透视，来加强画面的空间纵深感；二是在安排画面构图时，注意选择色调对比强烈的物体，使画面影调层次富有变化；三是在背景的选择上，尽量使明亮的主体配置在深色背景上，或将深色的主体配以浅色背景，使主体和背景分开；四是使用滤光镜，改进画面的影调层次；五是在彩色摄影中，可充分利用色彩特性来弥补顺光的不足，还可利用冷色远、暖色近的原理，加强画面空间纵深感效果。

在顺光条件下拍摄人物肖像，影像往往显得平淡无力，立体感不明显，质感不强，缺乏层次，缺乏生气；而且因人物面对直射来的光线，还最容易眯眼。但是，利用顺光拍摄人像，倒还可以柔化皮肤，减弱脸上的皱纹，使瘦削的脸型显得丰润。

3. **侧光摄影**。侧光，是指光源从被摄体的左侧或右侧射来的光线。如果光线是从被摄体的侧前方射来，与被摄体成45°左右的角度时，则称为前侧光。

前侧光，也称斜侧光。这种光线比较符合人们日常的视觉习惯。在前侧光的照明下，被摄体大部分受光，投影落在斜侧面，有明显的影调对比，明暗面的比例也比较适中，可较好地表现被摄体的立体形态和表面质感。这种光线在人物摄影中使用比较普遍；在运用时，可以前侧光为主光，正面由辅助光补助，以取得轮廓线条清晰、影调层次丰富、明暗反差和谐的效果，从而较好地表现人物的外形特征和内心情绪。

当光线与被摄体成90°左右的角度时，称为侧光。在侧光的照明下，投影落在侧面，景物的明暗阶调各占一半，能比较突出地表现被摄景物的立体感、表面质感和空间纵深感，造型效果好。特别是在拍摄浮雕、石刻、水纹、沙漠以及各种表面结构粗糙的物体时，利用侧光照明，可获得鲜明的质感。如采用侧光拍摄风光照片，画面层次丰富，立体感和空间感强；若景物光比太大，应注意画面反差的调节。一般来说，90°的侧光不宜拍摄人像，因为侧光会使人的脸部形成一半明一半暗的阴阳脸，很不美观。但有时用侧光，也能较好地表现人物的性格。控制光比反差的办法有两种：一是加用辅助光，二是尽可能利用周围景物的反射光。

4. **逆光摄影**。逆光，是指光源正对着照相机镜头，从被摄体背面射来的光线，如果这光线是从被摄体的左后侧或右后侧射来，则称为侧逆光。

逆光（包括侧逆光）有较强的表现力。在逆光或侧逆光的照射下，景物的大部分处于阴影之中，同时也为被摄景物勾画出了明亮、清晰的轮廓线条。这种轮廓线条可以分隔前后景物，突出画面主体，增强影调层次，制造特殊气氛。逆光还有利于表现空气透视现象，能充分表达空间深度及环境气氛。拍摄人物或景物众多的场面，逆光能强调出数量，影调层次也能得到充分表现。

采用逆光或侧逆光拍摄人像，可避免直射光线对人物眼睛的照射，能够达到神情自如，形象自然，画面生动的效果。在人物摄影中，如采用侧逆光，还可以适当地拉大光比，形成轮廓鲜明、线条强劲的造型效果，有利于表现人物的特定情绪。

逆光还能使物体的表面质感得到较好的表现。如拍摄雪景、沙漠以及表面结构比较粗糙的物体，采用逆光或侧逆光照明，不仅能使影调层次丰富，甚至被摄体的细微纤纹颗粒都能清晰可辨。用顶逆光拍水，能把水的影调、层次和质感表现得更加有趣，特别是那粼粼波光，如同一片浮在水面的珠宝在熠熠闪烁。

逆光对景物色彩的透明度也有较强的表现力。如用逆光或侧逆光拍摄风光，可使画面晶莹透亮，层次丰富，颜色饱和度高，从而获得比较理想的色彩效果。

在画面的背景处理方面，逆光也有其独到之处。为了表现主体，逆光能净化画面，把杂乱无章的东西都隐没在暗影中，同时它又借助镜头造成虚实对比，使背景中散乱的光线形成一圈圈白色光点，这种光点给人以朦胧、活泼、虚幻、动荡的感觉，给画面增添艺术魅力。

逆光摄影，还宜于拍摄剪影照片，而每天的日出、日落前后，正是借助天空彩霞拍摄剪影照片的最佳时间。

5. **室内自然光摄影**。室内自然光是非常富有表现力的光线，在这种光线下拍摄，可以使人物的神态生动、自然，还可以表现出各种不同的情调和真切动人的环境气氛。但是，室内自然光比室外光线复杂得多，如要利用室内自然光摄影，就应掌握它的规律，以便扬长避短，充分发挥其表现力。

室内自然光的一大特点是，光线亮度低，而且变化大。因室内光线主要来自门窗，影响室内光线亮度的因素很多，比如门窗的方向、大小、多少，墙壁的反光情况，窗外有无遮挡物以及室外自然光的变化，等等，都会影响室内光线的亮度。即使是同一时间，不同的室内有不同的亮度；被摄体离窗户的远近，其本身的亮度也会有明显的改变。由于人的眼睛适应性很强，往往察觉不出这些细微变化，在拍摄时常出现曝光不足现象。因此，拍摄前一定要准确测光，而且要在靠近被摄体的位置测光，以防止曝光失误。另外，由于室内光线较暗，拍摄时最好选用感光度稍高的胶卷。

室内自然光的另一个特点是，光线方向固定。因室内光线总是从门窗而来，不管室外光线如何改变，照明方向并不发生很大变化。因此，在室内拍摄顺光、侧光或逆光照片，不是以太阳的方向为转移，而是看门窗的方向来定。室内如有多方向的门窗，则可丰富照明效果。可利用被摄主体距离门窗的远近作调节，有的作主光，有的作辅助光，有的照明背景轮廓，拍摄角度也可灵活选择。

室内自然光的第三个特点是，靠近门窗的光线强、反差大，远离门窗的光线弱、反差小。室内景物由于距离门窗远近不同，亮度不同，过渡层次非常丰富。因此，在室内拍摄人物照片，最好离门窗稍远一些，尽量避免阳光直射人物脸部。如需要在靠近门窗的位置拍摄，就要想办法利用墙壁或反光板的反光来降低光比。拍摄时还要注意背景的选择，尽量避免杂乱的背景，如果实在避不开，则可使用长焦镜头的大光圈，把背景虚化，以达到画面简洁，突出主体的目的。

要表现室内环境、气氛和人物众多的场面时，宜用俯角、逆光拍摄，即站在室内一侧的高处，朝门窗的方向拍摄，曝光要照顾到暗部。

闪光灯的使用

1. **闪光灯与室外自然光配合运用。**在自然光（日光）下摄影，一般不需要辅助照明，因为自然光有足够的亮度。可是在有些情况下则不然，如在强烈的日光下拍摄侧光或逆光的近景和特写人物活动，或在窗前拍摄在日光直射下的逆光人像，以及在室内自然光条件下拍摄较大的场景等，或因景物明暗反差过大，或因光线不匀，就需要补光。小型闪光灯既轻便，又容易控制光量，色温适宜，还可以多灯同闪，是比较理想的补充光源，如果运用得好，有助于弥补自然光的不足，改善照片质量。实践证明，在自然光中加用闪光灯，既可控制反差，又能调整色温，有时还可当造型光使用。这种用混合光摄取的影像，也显得格外细腻、柔和，能产生较好的视觉效果。

现在先来谈谈闪光与室外自然光的配合。这里说的室外自然光，包括直射日光和阴天的散射光。

在直射日光下摄影，用闪光灯补充照明的目的，在于减弱景物的明暗反差，并使阴影部分的影纹层次充分显现出来。因此，只有当被摄体处于侧光或逆光状态时才需要加用闪光。在这种情况下，因为闪光灯是用作辅助照明的，所以曝光应以日光为准，对于闪光灯的照度必须加以控制，切勿喧宾夺主。现以侧光摄影为例：在直射日光下拍摄侧光人物，曝光可以面部强光为准，其明暗反差，通过闪光灯补光，一般控制在1∶3到1∶4比较合适。如果使用自动闪光灯，要控制上述明暗反差的比例很简单，只要在选择闪光灯上的自动光圈级时，选用比相机上所用光圈大一级到一级半即可。倘若闪光灯上正好没有这个档次，还可通过调整相机上的光圈和快门速度的曝光组合来解决。如果使用手控闪光灯，则可采取调整闪光灯的功率装置，或闪光灯到被摄体的距离，或在灯上加纱等办法，来控制闪光灯的光量。

这里有一点需要说明，如果你的照相机是焦点平面快门，就只能用慢速胶片，或者在镜头上加一个中性灰滤光片，因为焦点平面快门的闪光同步速度通常是 1/60 秒或 1/125 秒（目前比较高级的相机有 1/250 秒的），如用快速胶片，在强烈的日光下就不适用了。在直射日光下拍摄彩色片，如加用闪光，要注意日光色温的变化。特别是在日出后和日落前的一段时间拍摄人像，为了保持现场光的色调和气氛，一定要在闪光灯上加用降低色温的滤光片。

在阴雨天的散射光下拍摄人物照片，常因拍摄对象受光平淡，反差很弱，而使照片基调灰平、沉闷。在这种情况下，可利用闪光作造型光，用闪光灯打出侧光和逆光等光线效果，以达到增加反差、丰富层次的目的。具体作法有两种：一种是把闪光灯作主光，或置于被摄体的侧高处，打出侧光效果；或置于背侧高处，打出轮廓光的效果。曝光可以人物脸部自然光为准，把闪光灯的功率和距离调到比相机所用光圈多一级到一级半即可。不过这样作，需要一条较长的导线，另一种是，可以完全仿照双灯摄影的布光法，一只作主灯，一只作副灯，光位和光比可以根据需要而定。不同的是因曝光是以自然光为准，副灯的主要任务是引发主灯，所以在确定副灯的功率时，要比相机所用光圈少一级为好，以免破坏自然光的效果。

2. **闪光灯与室内自然光配合运用**。在白天的室内摄影，用闪光灯补光的目的仍在于弥补自然光的不足。通过补光，照亮较暗部位，改变反差，使生硬刺目、不甚协调的影调得到改善。所以室内摄影要充分利用自然光照明，加用闪光灯后，也要力求保持自然光的照明效果，这一点是极其重要的。切不可不顾自然光的照明情况，滥用闪光灯，以致破坏现场光线和气氛。

在室内窗前拍摄逆光照片，由于人物背向窗户，面部很暗，室内、外景物的明暗反差也特别大。在这样的情况下，如果想将室内、外的景物都能表现出很好的影纹和层次，就需要用闪光灯辅助照明。不过，闪光灯在这种场合下使用，一定要搞好曝光计算，对闪光的照度要严加控制，尽量做到恰到好处，力求保持逆光的特点。如果闪光灯的光太强，就会造成人物的面部过亮，而且逆光摄影特有的轮廓光也就消失了。因此，对自然光的曝光，可视背景光线的情况和轮廓光的亮度，以快门速度加以控制。

如果在白天的室内拍摄中、小型会议的场景，在用光方面可以这样处理：首先，要测量出室内自然光的光值，作为曝光的依据；然后，尽量选择会场光线较暗的一面作为拍摄点，用闪光灯辅助照明进行拍摄。如果使用慢速胶片，要用三脚架。拍摄角度要尽可能高一些，使闪光灯和前景人物拉开距离，并将闪光灯头稍微上仰，以免前景人物曝光过多。这样拍出来的照片，一般都可保持其明快、和谐的环境气氛。

室内摄影如果场景较大，以使用双灯为好，但是无论使用几只灯，都尽可能将闪光与自然光结合起来。具体作法是：先根据需要定下拍摄点，用三脚架将相机架起来；测量出室内自然光的光值，并以此为据来确定相机的曝光组合，考虑到大场景需要一定的景深，一般可将光圈调到 f8 左右。双灯的用法是：把一只灯装在相机上，使其同相机快门联动，它的任务是辅助照明前景，引发分灯。将分灯装上遥感器，并根据曝光需要选定自动光圈级，置于需要补光部位的一个适当位置，或请人帮忙用手举起来，其任务是和相机快门同步闪亮，使大场景较暗的部位获得适当的补充照明。这样用光，有两点需要注意：一是考虑到在补光的部位胶片对闪光和自然光同时都要感光，在选定闪光灯的自动光圈级时，要比相机所需要的光量少一点为好；特别是在相机位置的闪光灯的光量，要宁少勿多，切不可过了；必要时可将闪光灯头稍微上仰，以免前景过亮。二是要精心设置分灯的位置，或把它置于画面之外、或利用画面中的物体把它遮挡住（这样做时，要把遥感器露出来），千万不能让闪光灯和举灯的人在画面中出现。同时，考虑到闪光灯近亮远暗的缺点，分灯的位置要放高一些，尽可能拉大闪光灯和景物的距离，以达到相对的均匀照明。

摄影的画面构图

1. 摄影构图。

一张优秀照片的艺术价值如何，首先要看它所表现的内容。但仅有好的主题思想和深刻的内容还不够，还必须有与内容相一致的优美的艺术形式来加以表现。摄影者只有通过结构明确、光线协调、色调和谐、情节生动的构图，拍摄出内容与形式完美统一的照片，才能引起观众的共鸣和联想，取得激动人心的效果。

摄影构图是创作思想的再现过程，就是围绕主题思想，通过艺术手段，将画面里的各部分景物巧妙地组织在一起，使主从关系分明，前后照应，互相衬托，也就是要调动一切造型手法来充分表达主题思想，使要表达的对象在画面上更富有表现力和感染力。因此，构图是拍好照片的关键所在。

构图是在拍照前通过取景器选择主要景物，确定画面的过程。在构图时要考虑哪些问题呢？主要是：主体景物在画面中是否突出，主体与陪衬景物之间的对比、呼应关系处理得如何，光线明暗效果怎样，如何发挥焦点、景深的长处，色调是否和谐，画面的主线是否确定，结构是否均衡，有无必要的空间，静止画面中是否有运动中的物体，等等。这些问题都是在构图时应该认真考虑的。当然，这么多的因素，初学者不是一下子就全能顾及到，要通过日积月累，形成一种习惯或本能反映，才能得心应手，这就要靠多练了。

一幅构图好的照片，可使景物得到充分的反映，使人一眼就可看到主体景物和趣味中心，这样的照片才有吸引力，才能令人赏心悦目，得到艺术享受。但是，好的构图不可能轻而易举地得来，要取得一幅构图好的照片，现实生活才是创作的源泉和基础。只有在生活中认真观察纷纭繁杂的各种事物，找出具有美学价值的物体，通过视觉触发灵感，进行摄影创作，才有可能拍出优秀的作品。

构图不能墨守成规，更不能套别人的老格式。为了图省事，不注重拍摄对象的特点，生搬硬套什么S形、△形、○形等构图方法，是不可取的。模仿别人的照片，人们看后“好像见过面”，没有新鲜感，也是没有意义的。

摄影构图还有个常常遇到的问题，就是“抓时机”。有时候准备工作没有完成，机会就过去了。尤其是拍新闻片，不可能有充分的时间让你四平八稳地按某种规矩选择画面，而是要手疾眼快地瞬间完成。为了获得好的照片，要求摄影者必须提高素养，熟悉掌握各种设备，在瞬息万变的生活中，及时发现重要题材和精采情节，不失时机地抓拍下来。所谓“长期积累，偶尔得之”，就是这个意思。

2. 摄影画面构图中的主体。

在摄影过程中，当你按下快门之前，总应该有个打算。是拍风景，还是拍人像，或是拍其他什么纪念照？接着要考虑的则是拍风景的哪一部分？拍人，是人群，还是单个人？一群人中又是以哪些人为主？拍单人要拍出什么效果，达到什么目的？等等。这些打算明确之后，就要进行构图了。在安排画面结构时，要把你打算重点反映的那个局部，放在画面上最引人注目的位置加以突出。这个要突出的对象，就是你要表现的主体。它是画面的结构中心，也是画面的趣味中心，是作品主题思想的集中体现。

我们的现实生活是绚丽多彩的，处处都有生动有趣的题材。但现实生活毕竟不等于具有艺术价值的画面，还需要通过精心设计，通过艺术选择和加工，才能使纷杂的生活按创作者的意图表现在画面上。这不仅要求在构图时使画面简洁、明快，以便形成一个明确的结构中心和突出的主体，还要使这个主体具有一定的思想深度，耐人寻味，有一定的趣味性，令人爱看。而好的主体的形成，则要靠摄影者的艺术修养和经验的积累。

平时我们看照片，为什么有的优秀照片令人终生难忘，就是因为它表现的内容引起了我们感情上的共鸣。而有的照片，由于没有生动明确的主体和表现力，看后有如过眼烟云，很快就淡忘了，当然就更谈不上给人以启迪和教育。

主体在画面中应该占多大的位置呢？这没有什么硬性的规定。不能以占画面比例的大小，说明其是不是主体。同样，也不能以景物在画面中所占的位置，说它是不是重要。主体，主要是根据它对画面所要表现的内容和所起作用的大小确定的。一幅成功的照片，人们通过对主体的观察、思索，能够很容易地看出整个画面要表现什么，能够理解其内容并产生无穷的回味和联想，从而受到启发、教育和感染。然而，突出主体并不是每个摄影者都能做到的。那么，在摄影过程中，怎样才能突出主体，又有哪些技术手段可以用来表现主题、突出主体呢？这里重要的是，要时刻想着主体。如果在构图时，不敢大胆舍弃无关紧要的内容，形成几个中心，把许多繁杂的景物都组织在同一个画面里，结果事与愿违，什么也不突出，观者就什么也得不到。为了突出主体，下面介绍一些技术手段，供读者在实践中体会运用。

第一，在构图时，将主体放置在前景这个突出位置上。因为前景景物离照相机近，结影的比例大，同时前景不受其他景物的遮挡和干扰。这是突出主体形象一种最简单可行的手段。

第二，可在调焦点距离时，把焦点准确地调到主体形象上，使主体清晰，降低其他景物的清晰度，以充分反映主体的质感，增大它的吸引力。为了达到同一效果，还可将光圈放大，使一些次要的景物处在不清晰的范围，以虚实对比的手法使主体突出。

第三，调动高亮度的光线（如聚光灯），将光束直接射向主体，使主体鲜明、突出。

第四，可以将主体放置在画面构图线条的会聚点上，用线条诱导人们的视线，使之很自然地移到主体形象上去。

第五，可用影调明暗的手法与和谐的色彩来突出主体形象。

当然，还有其他种种方法。这些手段在实践中也不是单独孤立使用的，如条件允许，几种手段协同运用，将会产生更好的艺术效果。摄影者可在实践中不断摸索和总结，创造更多的新的突出主体的办法。

3. **拍摄角度的选择**。拍照片的角度，不仅对表达拍摄内容起重要作用，对形成优美的构图也是不可缺少的重要环节。不同的拍摄角度，拍出的照片差别很大。变换一下角度，能直接影响画面结构。例如，在同一距离、同一高度、用相同焦距的镜头，采用仰角、平角、俯角拍出三张照片，虽然前后景物没有变化，而画面内包括的内容就不同了。如果采用不同的高度，在同一距离，用仰角、平角、俯角再拍三张照片，就会发现前景和后景的变化很大。这就说明相机与被摄物体的角度不同，产生的效果也不尽相同。镜头角度的高低，直接影响画面中的水平线和空间深度的改变。现在分别说说俯视、平视和仰视几种角度的使用效果。

（1）俯视，即拍照时相机的位置高于物体，从上向下拍摄。其特点是视野辽阔，能见的场面大，景物全，可以纵观全局。这种方法多用于拍大场面，比如拍摄粮食大面积丰收，草原及成群的牲畜，交通枢纽，水面等。如果俯角较大，虽没有广阔的场面，拍摄特殊题材时也有其独特效果。

（2）平视，即相机与被摄物体大致在一个水平线上。这种角度接近人眼的习惯印象。平视构图的特点是透视效果好，一般不易产生变形。这种方法顺手、方便，不需要任何附加设备，但拍出的照片很少有变化，也不新颖。初学摄影者习惯用平视角度拍照。

（3）仰视，是从下向上拍摄，相机低于被摄物体，拍出的照片地平线低，仰角拍摄的特点是，可使景物拍得宏伟、高大。如拍建筑物，有直插云霄之感；拍高台跳水，以蓝天作背景，显出运动员有凌云之势，腾空飞翔之感。低角度拍摄，还可舍弃杂乱的背景，使画面简洁，主体突出。

选择高低角度的同时，还要对景物的横向角度加以选择，以拍建筑物为例，是拍正面、侧面还是拍背面，要多方观察，定好角度后再进行构图。再如拍摄人物头像，不妨围绕被摄人物，结合光线、脸形等特点，细心观察，在最美最理想的角度进行拍摄。选择角度，主要服从于内容的需要，哪一方面最能体现被摄物体的特征，最富有表现力，就在哪个位置拍摄。

正面、侧面、背面拍摄，各有特点。正面构图，线条结构对称、稳定，有庄重、威严的气氛。但正面构图缺少透视感，容易呆板。侧面构图，立体感强，能产生空间感和线条透视的效果。如用侧面拍摄人像，能充分显示优美姿态和面部表情。利用光线的明暗反差，可增强立体感。这是通常使用较多的角度。采用斜侧面拍摄，景物在画面中有一部分正面，还有一部分侧面，可以突出被摄物体的整个轮廓。背面构图，绝大多数是为了内容的特殊需要而采用的，能显示出特殊的效果。背面拍摄，也有许多印象深刻的好作品，这要靠在实践中去体会摸索了。

摄影技法

拍摄雪景

拍摄雪景，最好是雪后晴天，如能赶上清晨的光线则更好。在阳光下，运用侧光和侧逆光，最能表现雪景的明暗层次和雪粒的透明质感，影调也富有变化；即使是远景，也能产生深远的气氛。如果拍摄雪中人物，脸部最好加辅助光。相机镜头上要戴遮光罩。如果用黑白片拍雪景，应加用深黄、橙黄或黄绿色滤光镜，以压低天空影调，减弱雪地亮度，使景物影调柔和。若用彩色片拍雪景，最好用偏光镜，以吸收白雪反射的偏振光，降低亮度，调节影调，使蓝天的白云突出，还可提高色彩的饱和度。

正确测光和正确曝光，是拍摄雪景照片成败的关键。在大面积雪景中，用照相机内测光系统测光，根据显示的数据拍摄雪景，一般都曝光不足。这是因为照相机的内测光表都是以一定方式和程序进行测光的，它所显示的数据是综合场景中高光部分、中间色调、阴影部分的平均光值；这在大多数情况下是可行的，但在雪景中，强烈的反射光往往使测光结果相差1~2级曝光量。在这种情况下，可使用曝光补偿，酌情增加1~2级曝光量；也可将照相机对准中间色调物体，采取局部近测，并按此时测得的数据，将相机调到“手动”位置进行拍照。有入射光测光表的摄影者，在雪地里根据照射在被摄物体上的光束测光，按所得曝光数据拍照，那将是准确的。

在下雪天，要获得一幅雪花飞舞的照片，应选择深色背景作衬托；快门速度不宜太高，一般以1/15~1/60秒为宜。这样可使飞舞的雪花形成一道道线条，有雪花飘落的动感。在拍摄大雪纷飞中的人物时，要注意不要让雪花太接近镜头，以免因透视关系让雪花挡住人的脸部。

拍摄雪景还应充分利用带雪或挂满冰凌的树枝、篱笆墙、建筑物等为前景，提高雪景的表现力，增加画面的空间深度，加强人们对冰雪的感受。

拍摄雨景

古人作诗，很喜欢用雨景作题材。如“千峰随雨暗，一径入云斜”，描绘的是雨中远景；“黑云翻墨未遮山，白雨跳珠乱入船”，是写西湖夏天阵雨骤作，白花花的雨点如同跳动着的珍珠，直往船舱里飞落，可以说这是写雨的近景了。可见，雨天充满着诗情画意。摄影者怎样用手中的照相机来描绘雨景呢？拍摄雨景，不管你用直接的还是含蓄的手法，都有一条原则，就是要把“雨”的效果表现出来。

倾盆大雨，透视感差，不宜用大场面和远景来表现。为了突出大雨的气势，可以选择较深色的背景作衬托，用 1/30～1/125 秒的快门速度，使雨滴形成线条。一般来说，风和雨是同行的，拍摄时应注意风向，最好是侧风拍摄，使雨点形成斜线，借以渲染风雨交加的气势。

烟雨莽苍苍的中雨，透视感弱，景物的光亮度也比较弱，以中、近景表现为宜。如拍摄城市街道景物、乡村景物、雨中人物活动等。一般以 1/30～1/60 秒的快门速度就能把雨拍成条状的效果，同时可以避免较近处的人物模糊。

稀疏的小雨，透视感较好，但“雨”的效果较难表现。此时可以采用间接的手法，借助雨景中的雨衣、雨伞或能突出特殊环境的道具，如农民和渔翁的斗笠、蓑衣等，还有路面雨水映出的景物倒影，夜景中灯光在水中的倒影，车辆、人物行进中溅起的水花，景区内近处水面上由雨滴激起的涟漪等，都可以含蓄地表现出“雨”的效果。

毛毛细雨，往往使景物处于朦胧状态，没有“雨”的效果和感觉。在这样的天气里拍雨景，一般需要借助于前景来表现，如树叶、花草上的水珠等，若处理得当，朦胧的景物与晶莹的水珠相映成趣，将使照片妙趣横生。

夏秋季节，有时会遇到阳光灿烂与雷雨大作同在一个场景中出现的阵雨天气，这对摄影者表现雨的效果是最为理想的了。若采用侧光或逆光拍摄，能将雨线拍成闪亮的银丝，人和景物的轮廓光将使照片具有丰富的层次和强烈的立体感。

雨天摄影，光线灰暗，可采取适当减少曝光量和延长显影时间的办法提高反差，尽可能将景物的层次表现出来。雨天拍摄彩色照片，因色温偏高，常出现偏蓝色调，可不必校正，正可借以渲染阴雨天给人以寒冷的感觉。

拍摄雨景，要注意保护相机，一定要带上遮光罩，最好用雨伞等物遮挡风雨，以防雨水溅落到镜头上。

拍摄雾景

雾是由悬浮在大气中的微粒组成的，这些微粒是水蒸汽、尘埃以及其他物质的凝聚物。光遇到雾时，有一部分光波较长的光线（如红外线）能穿过，而大部分光线都被散射，所以雾的颜色是灰白色或浅白色的。

雾中的景物一般都由近及远而呈现出由浓渐渐变淡的完整色调，反差较小。所以，拍摄雾景使用慢速和中速全色胶片最为理想，它不仅能充分显示这些色调，而且可以刻划出这些色调上微妙层次的变化。要想把雾景拍得生动活泼，前景的利用非常重要。拍摄时，要选择与主题有关的景物作前景，由于它离镜头近，在雾中呈现深灰色，而远处的被摄物渐渐隐化在雾中，这样既能充分展现色调由浓变淡的雾景的魅力，又能使画面远近呼应而韵味无穷。

拍摄雾景要注意曝光准确。在雾中测光是一件难事，由于雾中散射光的作用，测光表显示的数据将使底片感光不足，正确的曝光应比测得的数据增加一级曝光量（在近摄时一般不必增加），如照相机带有曝光补偿装置，应以“+1”级拍摄。与上述雾景不同，景中有雾的雾景别有一番情趣。山峦间的雾、海滨的雾、林间的雾、都市街道间的雾都能丰富照片的层次，使画面生辉。拍摄这样的雾景，至关紧要的是选择好角度，捕捉好时机。雾不会长时间不散，美妙的雾景可能稍纵即逝，切不可错失良机。

为了控制雾景的色调深浅，使用全色片在阳光下拍摄时，可以选用黄色和橙色滤光镜，这类滤光镜能起到不同程度消除雾的作用。滤光镜颜色越深，去雾的效果越明显，但应避免用过深的滤光镜，以免使雾景失去“雾”的气氛。如想增强“雾”的效果时，可加用蓝滤光镜或雾镜。

拍摄日出、日落和彩霞

火红的朝阳，温柔的落日，绚丽的彩霞，都是最令人心旷神怡的景色，是宇宙间最美的画卷。

拍摄日出、日落，必须掌握好时机。太阳由地平线冉冉升起，渐渐由红变白，随着高度的增加，太阳即散发出万道光芒。拍摄日出的最佳时机是在太阳即将放射光芒之前。拍摄太早，旭日和彩霞不够鲜明；拍摄太晚，照相机镜头受到太阳光芒的照射，可能会使底片上产生光晕。拍摄日出的有利时间是极短的，摄影者不要失去这宝贵的一瞬间。拍摄日落，在夕阳西下，太阳渐渐失去耀眼光芒的时候至“白日依山尽”为止，都可以从容拍摄。拍摄日出、日落的最佳季节是春秋两季。这两季天空较清爽，云层较分明，有云彩点缀其间，可增加拍摄的效果和气氛。

根据构思，选择适当的摄影镜头。如果是拍写意式的照片，太阳的形象愈大愈显得壮观、有气势。这就需要选用长焦距镜头。若是拍日出而作，日暮而归那带有人物和飞禽走兽活动的诗情画意照片，一般宜使用标准镜头或中焦距镜头，这样能拍出清晨或傍晚的浓郁气氛。当然，用任何镜头都能拍日出、日落和彩霞，可以根据拍摄意图灵活选择。

彩霞除了能使日出、日落的照片增加动人的效果外，其本身也可作为拍摄的题材。日出或日落时的彩霞，主要是黄橙色。当太阳被云彩遮住时，光线会从云后四处射出，当太阳接近云块边缘时，云会出现一条亮边，这时的彩霞呈现红色和金黄色，景色十分壮观。假如拍摄黑白照片，可加用深黄色、橙色或红色滤光镜，以增强艺术效果。一般晚霞比较容易拍到，而朝霞则不易遇上，要在雨后初晴的黎明赶到现场耐心等待。

另外，利用水面上金黄闪烁的粼粼波光，利用帆船、飞鸟与水面的倒影，利用骆驼、人、马与沙漠山峦，利用花、草、树枝等点缀画面，都能使日出、日落和彩霞照片更加生动有趣，美不胜收。

拍摄日出、彩霞，一般以天空平均亮度曝光，把地面景物作剪影处理；如果拍摄日落时的人物活动，也可以采取折衷曝光，适当照顾地面

活动。拍摄时，镜头上要安遮光罩，以减少感光片上的光晕现象。

拍摄旅游纪念照片

在旅游中拍纪念照片，既可以增进游兴，又有助于加深参观游览的印象，还能留下生活的美好回忆。

拍旅游纪念照，应以表现人物为前提，并使人物和风光完美地结合，使照片富有生气，富有纪念意义。这里的关键是人物的位置安排必须恰当。过于突出人物，与周围环境不融洽，整个照片的画面就会变得单调沉闷，削弱纪念照片的意义。特别是在自然风景或有名胜古迹的地方，最忌讳的是把人放在画面的中心去拍，而应当用审美的观点，巧妙地把人和天然风景和名胜古迹组合在一起。比较好的办法，是根据天然风景和名胜古迹的各自特点，让置身画面中的人物全神贯注地领略风光，摄影者选择适当角度和时机，迅速揿下快门，把人物的感情和神态充分表现在画面上，这样的纪念照片意义就大了。

由于天然风景宽广浩大，名胜古迹的每个细部也并不一定都需要进入画面，拍摄时应当选拍一些典型的细节或局部，使之更富有艺术的魅力。如果见到什么就拍什么，照片上什么东西都有，但都不突出，反而失去了它的纪念价值和意义。

拍旅游纪念照片，还可以抓拍一些富有生活情趣的镜头，如爬山时你追我赶，林中小憩，席地野餐，深谷观瀑，密林探幽等，都是很好的题材。旅游途中的一些有意义的活动，也可以拍下来留作纪念。在拍摄纪念照片时，最好带上三脚架，以便于自拍。

拍摄集体合影照片

拍摄集体照片，最重要的是把人物安排好，让每个人的脸部都能看清楚，使之成为一个有吸引力的画面。如果人数不太多，可不拘一格，根据现场的地形地物，让有的人蹲在地上，有的坐在现场的台阶上或椅子上，有的站着。为使画面有所变化，每排人数不必相等，左右相邻的人高度尽量不同，使每排人的头部错落有致。这样，拍出的合影照片就会生动一些。

在拍摄人数较多的合影时，可利用礼堂和楼房门口的台阶，让人们尽量多站几排，以缩短排面的宽度，使人物在胶片上结像大一些。当然，如果能使用专为合影定做的架子就更好了。拍摄合影，一般用标准镜头为宜。有时，受环境条件限制，可能要用广角镜头，为了避免变形，尽量不要让人站在画面边缘上；照相机要与被摄者视线保持平行，不要下俯或上仰。有条件的，可将相机安置在三脚架上，摄影者站在相机的一侧观察人物的表情，当人们都比较神态自若时，即可用快门线揿动快门。

对于拍摄人数较多的合影，柔和而均匀的光是极重要的。画面上人物细小的脸部不应让明亮的阳光投下暗影，以免损害他们的形象。一般来说，薄云遮日是最理想的光线；阴天拍摄，如能掌握好曝光，效果也不差；遇到强烈阳光的天气，最好将人物安排在高大建筑物的阴影处拍照；如果在明亮的阳光下拍照，最好选用前侧光，并在冲片时适当降低反差。在室内拍摄合影，可使用两只或两只以上闪光灯，采取单灯直射闪光（加散光片）和其他灯反射闪光相结合的用光方法。

拍摄大集体合影时要多拍几张，以免正在揿快门时有人眨眼或把头转过去。如果光线允许，应当用慢速微粒胶片，以便把每个人的脸都尽可能拍摄清晰。不过，必须保证能有一个较小的光圈，使最近与最远的人物都在景深范围之内。调焦可以前排中间人物为准。

拍摄集体合影，一般都要求加印文字，以表明是什么集会或活动。在放大照片上印字，一般有两种做法：一是把要加印的字用铅字印样或用微机打样或书写成字条，按合影底片的规格翻拍成黑白字幕片，然后将合影底片和字幕片按照设计经过剪裁，拼接在一起进行放大制作。这样印出的字是白底黑字，比较秀丽悦目。这个办法既适用于黑白照片，也适用于彩色照片。二是把要加印的字根据放大照片的尺寸写在一条透明的胶片上，用胶布把它贴在放大机承纸夹板拟放大画面的上端；同时，将合影底片除按设计留足画面外，把上端多余的部分裁去，使画面投影恰能和胶片字条衔接吻合，经过合成放大，即可获得印有黑底白字的合影照片。其效果和照相馆拍的合影照片相似。

拍摄高调照片

高调照片，简洁明朗。它是以大面积的白衬托小面积的黑，达到提高黑色影调的视觉价值。一幅高调照片，白和淡灰色影调占了整个画面的绝大部分，黑灰影调极少，但从视觉价值上来说，这少部分的黑色(有时称深色调部分)，恰恰是画面最富有表现力的主体部分。拍摄高调照片，要注意以下几点。

(1) 选择好被摄对象，使表现的主体内容与形式和谐统一。高调照片既可表现人物，也可表现风光，但拍摄的题材必须符合生活的真实。白、黑影调配比要适当。医生、护士、穿白裙子的少女和幼儿，都适合拍这类题材的高调照片。因为高调明朗简洁、人物娴静，合乎这些人物的特征，也符合生活的真实。

(2) 影调配置要完美地突出主体。在配置最白、最黑两极调子时，白、黑比例一定要白多、黑少，但黑调是主体。主体通过黑调的呈现和描绘，使形象清晰完整，又在大片白调的衬托下，使主体显得更加洁静高雅。

(3) 背景要选择白墙或白布。若拍摄黑白片时，还可选择晴朗的天空为背景，但镜头前面不能带黄滤光镜或其他深颜色滤光镜，以保证背景的纯白色。这样使整个画面的背景符合主体创作的要求，起到突出主体、美化主体的作用。

(4) 光线要柔和均匀。一般用大正面光或散射光，曝光时略大半级至一级光圈。因为这两种光都不会使主体人物与背景产生阴影，可保持整个高调画面色调协调一致。

拍摄低调照片

低调照片与高调照片，在影调配置上恰恰相反。低调照片画面上黑色影调占的面积大，白色影调占的面积小，整个画面的色调比较浓重深沉。这是摄影者根据主体的特征，在黑白摄影中有意识地选择大面积黑色影调和小面积白色影调，以强烈的影调对比，来表现作品内容和气氛的摄影造型手法。拍摄低调照片，应注意以下几点。

(1) 为了使拍摄的照片符合生活真实，必须根据被摄对象的特征确定低调照片的基调。如煤矿工人特写、熊熊炼钢炉前的工人、晚间在灯下学习或工作的人员以及老人等，都可用低调来表现，这样可以使画面人物深沉、苍劲、忧郁、沉重的情绪得到较深的刻画。

(2) 低调照片应选择黑色调的背景，让主体完全衬在黑色基调上。只有这样，小面积的白色调在大面积的黑色调衬托下，画面主体人物的轮廓、富于性格特征的五官和其他装饰，在光线的作用下才会与背景相分离，使画面人物的精神气质得到充分表现。

(3) 低调照片的用光，在某种程度上讲，决定着低调照片的成功与失败。因为低调照片大都采用大侧光和侧逆光，突出地表现主体五官的一部分和某个具有明显性格特征的部分，使人一看就有一个鲜明的印象。因采用的是大侧光或侧逆光拍摄，主体轮廓分明，并与背景分开，显示出了主体的立体感和质感，但大侧光和侧逆光的运用，加大了主体白色调部分和背景的反差，曝光时按主体明亮部分曝光，即使不用黑布和暗色为背景（当然不能用白色调为背景），有时也可以达到较理想的低调照片效果。

拍摄分身照片

分身照片，就是在一幅照片里，出现同一个人的几个影像。拍摄分身照片的方法很多，常见的有：多次曝光法、叠影法、遮挡镜头法和使用多影镜等。相对而言，遮挡镜头的拍摄方法比较简便和实用。

遮挡镜头法，一般多用以拍摄一个人在同一环境下的两种姿态。采用这种方法拍摄，需要准备一个专用附件——分身遮光罩。这种附件可以在照相器材店买到，也可以自己动手制作。例如：用海鸥 4 型照相机的镜头盖保留盖圈，挖掉圆面的一半即可；还可以用黑纸剪一个比镜头口径 1/2 略小的半圆形纸片，贴在 UV 镜上。使用前可先将其套在镜头上，用中级的几级光圈试拍，以照片中间不出现接缝痕迹为准，看哪一级光圈效果最好，即可确定作为实拍的依据。正式拍摄时，最好把相机固定在三脚架上，不要移动；先用分身遮光罩把镜头挡住一半，让被摄者处于相应的一边，进行第一次曝光；然后，利用相机的重拍装置，上好快门，再转动分身遮光罩，挡住另一半镜头，并让被摄者掉换位置、改变姿态，进行第二次曝光，分身照即告完成。

钓鱼技巧

钓鱼常识

钓鱼，既能强身健体，又能愉悦性情，是一项集智能和体能于一体的动静结合的消遣活动。当你垂钓湖边河岸，青山绿水相交辉映，环境清雅，微波荡漾，自然心旷神怡；当鱼食饵之时，全神贯注，意守钓上，严阵以待，一旦有鱼上钓，愉悦之情则油然而上。钓鱼之乐，使杂念全消，愁情尽解。正因为如此，钓鱼已成为现代人休闲的重要方式之一。

鱼具和鱼饵

鱼　杆

鱼杆总的要求是坚固和富有弹性，要具备直、细、长、韧四个特点。直，即鱼钩下水时，方向不会偏，米窝落得准，鱼杆也显得美观；细，即使用时轻巧灵活，起放自如；长，是能够把鱼钩伸到远处，够得着鱼群；韧，就是具有弹性，鱼杆不易折断，也不易把鱼嘴钩豁。另外还要求鱼杆具有光泽油润，不开裂，无蛀虫等特点。此外，鱼杆的节与节之间要套接得紧。

常用的鱼杆有两种，一种是手杆，一种是轮杆（也叫海杆）。

1 **手杆**。一般适于池塘、水库、河流、湖泊使用，轮杆则适于水面宽阔、水底干净的海洋，湖泊使用。鱼杆的原材料多数用竹子制做，由粗细相宜的几节套接而成。根据每节尺寸的长短，分大、中、小三号。鱼杆的名称一般就用号数和节数来区分。例如："大三节"，就是指这种鱼杆是由大号的三节竹竿组成；"小二节"，就是由小号的两节竹竿组成。鱼杆全长一般为5~7米，最长不超过8~9米。

除用竹竿之外，也有用苇秆制做的，如铁芦和泡芦等，这种鱼杆优点是轻便，富有弹性和韧性，只是不如竹制杆结实。

另外，现在还有用铝、玻璃钢和塑料制成的鱼杆，这种鱼杆结实，有弹性，耐弯曲，伸缩自如，携带方便。

2. **轮杆**。它的根部装有一只绕线盘，可绕鱼线100~200米。钓时，在鱼线上每隔15厘米左右，对称地拴上一对鱼钩，鱼钩上串上海蚌、米虾、蚯蚓等诱饵，在鱼线的末梢坠上一只锡坠，将鱼钩甩向河心，每隔几分钟往回收一节线，再放下，反复数次，一直将甩出去的线收完。在往回收线时，感到手中重量增加了，这就可能是鱼儿上钩了，便可慢慢绕线盘子，拖鱼上岸。这种钓鱼的方法，在国外比较普遍。但如果不了解这段水域的情况，最好不要使用，以防鱼钩钩住水下的障碍物。

还有另一种轮杆（又叫滑轮车），用一种不带倒刺的对钩，隔40~50厘米拴上一个，线端拴铅坠。对钩可用细钢丝自制，鱼线采用五六十米长的尼龙丝，绕在线盘上，钓时把钩扔出去，随即就往回收，如此反复不停，只要鱼儿碰上，就能被钩住。

鱼　线

现在人们钓鱼，一般都用尼龙线或真丝制做的降落伞线。其特点是透明性好，柔软，有弹性，拉力强，不易腐烂。尼龙线有多种规格，一般是用“磅”来计算，磅是表示其拉力的强度。如 1 米长的尼龙线，用测力器来拉，在测力器上显示出 4 磅时断的就是 4 磅线，8 磅时断的就是 8 磅线（一磅相当于我国老秤 12 两重，（老秤 1 斤 16 两）4 磅相当于 3 斤；8 磅相当于 6 斤）。降落伞线是用三股线绞合在一起组成的，有细三股、中三股、粗三股。一般多用细三股。尼龙线与降落伞线，各有优缺点，尼龙线透明性强，在水中不易被鱼发觉，但怕摩擦，冷天易发硬。降落伞线冷天不会发硬，耐摩擦。但白天易被鱼儿察觉。因此，这两种线，可交替使用。比如，冷天可用降落伞线，其他季节可用尼龙线；晚上用降落伞线，白天用尼龙线。

手杆用的鱼线，一般不超过 4 磅线。超过 4 磅的鱼线，一般适用于轮杆。因此，一般的情况是手杆配细线，拴小钩，轮杆配粗线，拴大钩，钓大鱼。不过，也不是绝对的，如果掌握得好，小钩也是能钓到大鱼的。

鱼线的全长可分为备用线、长短线、吃水线三段，备用线指绕在鱼杆上的线，一般不直接用于钓鱼，它的长度相当于长短线与吃水线的总和。长短线是指从鱼杆到鱼漂的一段，从鱼漂到鱼钩，这一段线叫吃水线，吃水线的长短要根据水的深浅而定。

鱼线要求结实、有韧性。凡起毛、开裂、老化的，钓过几次大鱼、已失去一定的韧劲的线，就不要再继续使用了。拴鱼钩的部位，因受力最多，磨损最快，最易断线，尤其要注意经常更换，行话叫作“换下角”。

鱼　钩

鱼钩是钓鱼的关键工具。好的鱼钩应该是弯度适中，细而不软，韧性强，钩门角度合适，钩尖锋利，倒刺长，不生锈。鱼钩的种类和型号多种多样。有就形状取名的，如圆底钩（又叫馒头钩）、方底钩、勺把钩、三角钩、对钩（滑轮钩）、三角锚（又叫蜘蛛钩）等；有就鱼钩的附件锡坠的形状取名的，如长坠钩、短坠钩、圆坠钩、扁坠钩、鼻眼坠钩、穿眼坠钩、葫芦钩等；有的就鱼钩下水之后的形状取名的，如朝天钩、困钩等；还有的就鱼钩的不同用处来取名的，如黑鱼钩、歪嘴钩、组合钩等。

鱼钩的附件——锡坠子（也有用铅制的）：这也很有讲究，坠子的轻重要适当，坠子过重，鱼儿吞钩困难，鱼钩容易沉入淤泥中，使鱼不易看见诱饵；坠子太轻，鱼钩容易被水冲走，不能放到打米窝的地方。因此，坠子的重量要合适，应多准备几只重量不等的坠子，根据风浪的大小，流水的缓急，选用相应的坠子。

1. **朝天钩**。是鱼钩落水以后，钩尖朝天而立，所以叫朝天钩。垂钓技术高、反应灵活的人，用朝天钩上钩率较高；困钩的钩尖是正悬在水里，做法是鱼钩拴上鱼线以后，在距离钩柄五厘米的线上拴锡坠子，这种钩使用较普遍。其特点是鱼儿上钩以后不易挣脱。

2. **葫芦钩**。是因锡坠子的形状象葫芦而得名。

3. **三角锚**。在水中形似蜘蛛，多作钓鲤鱼之用。钓法是每年 4~6 月，用一根 3~4 米长的竹竿，拴一根 10 磅左右的粗线，线上拴钓钩，放在岸边水草旁，这个季节鲤鱼喜欢到草丛中下子，碰到鱼线和鱼钩，爱在上面擦痒，从而振动鱼线和鱼浮，这时钓者提杆，往往能钩住大鲤鱼的肚子，把它钓上来。

4. **歪嘴钩**。是在一根很长的鱼线上，每间隔 20 厘米拴一个，在钩上串以蚯蚓等钓饵，线两端都固定拴在水中，第二天清晨带着捞网去收钩，往往能捕到几条大鱼。

5. **扁坠钩**。是把鱼线先拴在钩柄上，然后用锡皮包住钩柄制成。这种钩不好换“下角”，现在人们已不大使用了。

现在比较好的鱼钩是鼻眼坠钩，它具有好多种鱼钩的优点，属朝天钩类，主要特点是大鱼一旦咬钩以后，就不容易脱钩。

6. **日本式鱼钩**。它的优点是钢质好，钩尖锋利，钩门角度适当，倒刺长，钩根突出，拴鱼线结实，鱼上钩后不易脱身。

就鱼钩的型号来说，有大、小之分，大的有六七寸长，用八号粗钢丝制成，多用于海钓；小的有二三分长。“寸”和“分”，是指钩柄的长度，以一厘米等于三分计算，四分钩的钩柄长度就是1.32厘米。也有不按钩柄长短计算，而以钩柄至钩头的宽度来计算的，如平时常用的鱼钩，其宽度总在4~8毫米之间。

钓鱼要“量鱼施钩”钓多大的鱼，要用多大的钩，一般二三分的鱼钩，能钓5斤以下的鱼；四五分的鱼钩，可钓10斤左右的鱼。手杆一般用小钩，最大不超过6~7分（钓鲤鱼除外）。海杆的钩可以稍大一些，但也只1寸长左右，再大就是特种鱼钩了。

鱼　浮

鱼浮是钓者用以观察的信号，因此，鱼浮要醒目，分量轻灵敏度高。常用的鱼浮有散子浮、单子浮、红白筒浮等几种。

1. **散子浮**。是我国溪流钓鱼普遍采用的鱼具，它醒目而且目标小，原材料是用鸭鹅翅膀上的大毛茎，除去羽毛，剪成稍大于米粒的顺粒，用针穿在鱼线上制成的。一根鱼线可串七八粒。不要太多，穿多了易看花眼，辨不清是波浪带动的，还是鱼咬钩振动的，浮子过多，提杆时容易溅起水声把鱼吓跑。

2. **单子浮**。是采用一段粗壮干燥的大蒜茎、剥去表皮，两头用线扎紧制成的，用时把它缠在鱼线上即可。这种鱼浮比较醒目，反应灵敏。

3. **红白筒浮**。是用木块、圆珠笔芯或塑料管等材料，漆上红白相间的颜色制成。此种鱼浮多用于远距离甩钩。

由于各种鱼的习性不同，咬钩的方法也不同，反映在浮子的变化也各异，有的先动一下，然后猛的一口，鱼浮就沉到了水里；有的先沉到水里，一会儿浮子又漂到水面，过一会儿再沉到水里；有的是浮子慢慢地被咬走，这时钓者要放线，直到手上感到有猛烈的振动，这时才能提杆；有的是鱼浮在水面不断地抖动；有的是鱼钩刚一下水，鱼浮就下沉了；有的需要钓者将鱼钩上下不停地抖动。此外，因天气的变化，水深水浅等，鱼浮的动荡也会有不同的变化。这都要通过钓者自身的体验，逐步摸索其规律，掌握起杆的最佳时机。

鱼　饵

鱼饵是引鱼上钩的手段，如何制鱼饵，怎样使用鱼饵，这里也有不少讲究。一般说，鱼饵用得最多的要算蚯蚓，蚯蚓体内合20%的蛋白质，鱼爱吃。在蚯蚓中又以大小适中，通体发红，有光泽，肉质厚的为上乘。这种蚯蚓爱在猪舍、阴沟旁的黑土中生活，也有人工养殖的。用时最好把整条蚯蚓串在鱼钩上，蚯蚓能在水中蠕动，以招引鱼来吃食，鱼儿喜欢吃活食，切勿将蚯蚓拍死再装钩。

此外，小活虾、青菜叶、面筋团、菜虫、肉蛆、蚌肉、螺蛳肉、以及蟑螂、蚱蜢等，也都是鱼儿爱吃的食。当然，不同的鱼也有不同的爱好，所以，钓什么鱼，要下什么食，这有一个“食谱”，可供参考。

鱼　名	钓　　饵
鲫鱼	蚯蚓、肉蛆、米虾、蚱蜢、面筋、山芋、饭粒、生肉丁等。
鳊鱼	米虾、青虫、蚱蜢、肉蛆、蚯蚓、面筋、饭粒、山芋、嫩玉米等
草鱼	青菜虫、肉蛆、米虾、蚯蚓、面筋、山芋、蚱蜢、青草叶、南瓜叶、空心菜等
鲤鱼	肉蛆、米虾、蚯蚓、饭粒、嫩玉米、肥肉丁、螺蛳肉、蟑螂、面筋等
青鱼	米虾、肉蛆、螺蛳肉、蚌肉、蚯蚓、小鱼、面筋等
鲌鱼	青菜虫、蚯蚓、蚱蜢、肉蛆、苍蝇等
黑鱼	青蛙、米虾、肉蛆、蚯蚓、泥鳅、小鱼、面筋等
甲鱼	青蛙、猪肝、米虾、蚯蚓、肉蛆、小鱼等
白鳗	米虾、肉蛆、蚯蚓、肥肉丁、小活鱼、蚌肉、面筋等
桂鱼	小活鱼、白米虾等
黄鳝	活蚯蚓（黑色、青色）、螺蛳肉、蚌肉等

为了吸引鱼儿上钩，还可用打米窝的办法，先把鱼儿吸引到钓区来，然后再下钓钩。打米窝就是用加过工的大米、芝麻、麦麸、豆饼、菜籽饼、酒糟等鱼儿爱吃的食物，撒在钓区，但要撒得集中，不宜太分散，也不宜撒得太多，否则，鱼儿吃饱了，就不易上钩了。撒的办法，可用一个较小的容器（如小铁盒或半只乒乓球）挂在长竹竿上，然后

装上食物送到钓区水面上倒下去即可。食物加工的办法是，将大米、芝麻、麦麸、豆饼等碾碎炒出香味来，再加入20%的熟玉米面，用开水拌和，掺入少许白酒，拌至能捏成团，放入水内又能散开为宜。还有一种做米窝的办法，就是将炒熟了的带香味的麦麸、大米、芝麻、豆饼，碾碎了，放在一个单层的小纱布口袋里缝好，绑在一根小竹竿上，然后将竹竿插在钓区的水里，小竹竿的末梢与水面相平，鱼儿闻到香味很快就会来逐食，小竹竿被振动，水面就会泛起阵阵涟漪，说明鱼儿已经到来，这时下钩，便能十拿九稳。

鱼儿的特性

要成为一个钓鱼的能手，不可不研究鱼的特性，不能不了解鱼的生活规律。

鱼喜欢水清，爱暖和。一般情况下，春、夏、秋三季都可钓鱼。冬天在不结冰的水域，赶上阳光充足，也可以钓鱼。在不同的季节钓鱼，有不同的垂钓方法，俗话说："春钓滩、夏钓潭、秋钓凉、冬钓阳。"春天，水温逐渐回暖，经过整个冬天休眠状态的鱼，这时爱到河、湖、塘边觅食晒太阳，尤其爱到有草的水边交配、产子。所以，春天钓鱼，宜在水边下钩；夏天气温太高，鱼爱在深水区和水草之下活动；秋天气温虽然有下降，但水中的温度下降缓慢，鱼儿仍很活跃，而且正是冬眠前觅食的时期，所以，秋凉仍是钓鱼的好季节；冬天气温下降，鱼儿多集中在深水处，喜欢寻找瓦砾、洞穴、深坑、有水草的地方藏身，有的则掩在淤泥中以抵御寒冷，这个季节鱼儿一般懒得游动。但在有阳光照射的情况下，它还是喜欢到水面晒太阳，这时下钩仍会有所收获。当然，这里说的"冬钓阳"主要指南方，北方的冬天就差多了。

鱼和其他动物一样，也有灵敏的听觉器官，这就是分布在鱼体两侧的侧线，侧线通皮下的许多小孔，孔壁布满感觉细胞，连接侧线神经直通脑部，构成一个神经网，所以，鱼对声响特别敏感，它能感觉到低频率的振动，象小鱼小虾的游动，甚至连浮游生物因风力造成的轻微波动，也能感觉到，并在大脑指挥下，准确地捕食。同样，通过侧线，鱼能及时感觉到对它有害的振动频，如大鱼的接近，网具的拉动以及来自各方的各种威胁，从而迅速避开或采取其他自救措施。因此，钓鱼时要轻声慢步，保持安静。

鱼是靠侧线与同伴们取得联系的。鱼在不同的环境中游动，产生不同的振动频率，也凭此了解同伴的动向、位置，并接收同伴发出的“警报信号”。因此，如果在一个钓点逃掉了鱼，其他的鱼也会跟着逃之夭夭，这时必须另换一个鱼窝或钓点。

钓鱼还要学会观看鱼星，鱼星就是鱼吐出的水泡，通过鱼星可以了解鱼儿游动的方向，鱼儿的多少，以及鱼的种类，鱼的大小等。有经验的人，就凭着鱼星，选择钓区。鱼星的区别大致是：

鲫鱼：水泡小，一次连续两个，大小相同，有时也会一大一小。鱼星的大小与鱼的大小成正比，半斤以下的鲫鱼，鱼星一般在直径 0.7 厘米以下。

青鱼、草鱼：水泡先上来一个，接着又连引升几个单泡，雄鱼单泡多，雌鱼连续三至四个。6 斤以上的青鱼、草鱼，第一个水泡的直径在 1.5 厘米以上。

鲤鱼：水泡有大有小，同时上升，好像烧开的水在沸腾一样。鱼星移动的速度时快时慢，如果一串水泡直径达 10 厘米，鱼的重量就在 5 斤以上。

鳊鱼：水泡成单个，分散而上，相隔时间较短，有“未见鱼先见星”之说。吃食时，鱼星很少。半斤以下的鱼，水泡直径在 0.4 厘米左右。

甲鱼：其水泡与鲤鱼相似，但速度没有鲤鱼快，泡距拉得长，更为明显的是有时 4 个大小不等的水泡同时上升。

水底无鱼，有时水面也会冒出水泡，人称“假鱼星”。假鱼星的特点：大小不等的水泡连续或单个上升，但气泡无黏性，出水面后，几秒钟即破，遇到微风轻浪，破裂更快。真鱼星升上水面，不易破，有时可以随风飘流很长时间，因为鱼儿吐出的空气，带有粘液，所以不易破裂。

钓鱼的具体方法和注意事项

如何选择塘口

钓鱼行家一般通过观察鱼星，就能知道塘口里的鱼是多是少，如果一时还不会看鱼星，就要设法了解塘口的情况，弄清楚塘口的年代，主要是了解这个塘口在一两年里，水干枯过没有，如果干过，那就不会有什么鱼，即使有也只是很小的鱼，行家称之为“新花”，就不值得垂钓了。如果是两年以上没有干过的，水中有水草、藓苔、藻类等水生植物，水也较浑，说明鱼已经繁殖长大，则宜垂钓。年代太久的塘口，俗称“熟塘”，也有鱼，但鱼儿被人钓过，有警惕性，很难上钓。最好是2~5年的“生塘”，鱼儿比较“傻”，容易上钩。

其次，要看塘口水的颜色，如果水太清，一眼见底，就说明鱼少或曾干过塘，而且垂钓时，鱼杆的影子和人影会被鱼发现，鱼儿会被惊跑。水太浑浊也不好，鱼儿不喜欢在被污染的水域生存。而且所下的钓饵在水中也不易被鱼发现。理想的水色是青黄色、淡黄色、微褐色或淡青色，这种塘口，既有利于鱼的生长，又能遮住杆影和人影。

另外，还要看水的深浅，如果超过两米以上，或者水太浅，都不理想，水深最好在1.7米左右。

如果是在有风的情况下垂钓，要注意在下风处垂钓，而不要在上风处垂钓，也不要在背风处垂钓，因为风浪会把水中大量的植物、昆虫漂浮食物吹送到下风处，下风处便成了鱼儿觅食和活动聚集的地方。

还有，如果你是在水流很急的河流里钓鱼要选择有回水湾的地方下钩，因为鱼儿经过湍急的水流游到此处，总爱在这里休息和觅食。

怎样提杆

鱼儿上钩以后，浮子下沉，这时就要赶紧提钓杆，但不要猛提，先是迅速地稍稍往上一提，这一提，主要是使钩子钩住鱼嘴，经这么一提，鱼儿有多大，心中已经有数了，然后，顺着鱼儿挣扎的势头，敏捷地把鱼提上岸来。如果提不动就不要硬提，可顺水将鱼拖到岸边，用手捞网把鱼捞上来。如果拖不动，可顺着鱼游动的方向，慢慢地放一段线，但切记不能松线，放线也要绷紧着放，使鱼没有脱钩的机会，等鱼劲过去了，再慢慢往回收。如果钓上了一二十斤重的大鱼，应特别沉着，要避开它头三股劲，主要是第一股劲，这股劲最大，一定要处理好。大鱼上钩后因为痛，往往会先顺着鱼杆往岸边窜，然后再向水中心逃窜，遇到这种情况，应迅速绷紧鱼线，鱼杆可向外扳，或向左向右扳，始终保持鱼杆成弓形，这样拉拉放放，放放拖拖，消耗鱼劲。等到鱼儿露出水面游动时，可把鱼头抬出水面“呛水”，使鱼发晕，抬出水面的时间不要长，几秒钟后就要松杆放鱼，然后再抬再松，反复多次。20 斤以上的大鱼，要“呛水”十多次，鱼才会翻肚皮。最后，把鱼拖到岸边，但这时还不能贸然就去抓鱼，因为有时鱼儿是“假性无劲”一旦见到人影或听到响声，还会作最后挣扎，大鱼发起威来，可能挣断鱼线窜走，因此，最好用手捞网把鱼兜住。如果没有手捞网，可照着鱼头打，将鱼打晕，然后再提杆抓鱼。

几种特殊的钓鱼法

1. **夜钓**。一般人都是在白天钓鱼，其实夜晚钓鱼比白天好，这是因为：a. 夜里较安静，干扰少，大鱼都靠近岸边。b. 鱼儿不太择食，容易吞钩。c. 鱼的劲头比白天小，上钩以后不易逃脱。

下钩前，先要选好站脚的固定地点，然后找准对岸的固定目标，两点成一线把米撒下去。晚上每个窝子的米要比白天多撒一些，撒完以后约等半个小时左右就可以下钩了。

夜钓，一般不看浮子，可在钓杆尖端拴上一两个最小的铃铛，钓时稍竖钓杆，拉紧鱼线，鱼来咬钩，铃即作响。

夜钓多在秋天，时间是晚上九点至次日早晨两点左右，夜钓的钓饵多以白米虾、蛆为主，白米虾较腥，也醒目，鲫鱼、草鱼、鲤鱼、青鱼、鳊鱼都爱吃。夜钓所用的鱼钩要大一点，鱼线也要粗一点，夜钓适合在湖、河、塘等无杂物水草的水面进行。

2. **冬钓**。在冬季，一般要在天气好，阳光充足时才能钓鱼。这时鱼儿才会慢慢出来游动、觅食。或在浅处晒太阳。如果撒上两个米窝，然后下钩垂钓，是会有收获的。特别是南方，水面大多不结冰，冬钓的机会更多。在北方，到了冬天，多数地方的水面都结了一层厚厚的冰，钓鱼的人就很少了。如果想钓鱼，就要先打冰洞，打冰洞要在鱼多，水底情况又熟悉的塘口进行，一般不要在陌生的水域打冰洞。方法是在深水区并排打四五个洞，洞与洞之间相隔要在两米以上，然后逐个撒米窝，约等半个小时以后，轮流向冰洞里下钩，鱼钩在每个洞里停留三五分钟，如果不见鱼浮坠动，再慢慢地上下提动几下，好让鱼儿发现目标，在 3~5 分钟之内如果鱼儿仍不咬钩，可能洞中无鱼，可换下一个冰洞下钩，如此轮番下钩，要有耐心，不能急躁。

冰钓要在阳光下进行，还要面向阳光。阴天、下雪或刮大风的时间，都不宜冰钓。

冬钓的饵料最好采用“红白”二色，红食为红虫、蚯蚓、人造红食等，白色包括内蛆、白虾、咸肥肉丁，面筋、米饭粒等。红白二色合用，一只蛆和一节蚯蚓同串在一只鱼钩上，好引诱鱼上钩。

冬钓还要注意选择鱼线，平常用尼龙线，但冬天不行，冬天尼龙线会发硬，变脆，容易断。因此，要用细三股的降落伞线或比较结实、柔软的白丝线为宜。

菜肴烹调

教师必备知识丛书

烹调常识

我国素有“烹饪王国”的美称。逢年过节的喜庆，亲朋好友的相聚，周末假日的欢度，以至于平日的三餐，如能拿出点烹调手艺，做出一些色、香、味、型、器、声皆佳的美味菜肴来，使人得到一种美的享受，那真是生活中的无限乐趣，也是一种值得体验的休闲方式。

怎样看菜谱学做菜

怎样看菜谱学做菜

初学做菜者，或求教于内行，或求教于书刊之菜谱。对于后者，则往往由于不得其法，做出的菜不理想，甚至面目皆非。那么，怎样看菜谱做好菜呢？

如何选择学做的品种

目前菜谱书刊较多，初学者要量力而行，最好先选择作法简单、原料成本低者进行试做。待有了一定经验后再学做稍复杂些的菜肴。不要不顾主客观条件，哪个新鲜学哪个，哪个奇怪做哪个。那样往往会因失败而气馁。只有按着先易后难、由浅人深、循序渐进的原则学习，才能获得成功。

缺少配料、作料怎么办

有些人反映，菜谱上所列的配料、调料，在家里很难准备齐全，甚至根本买不到。这是学做菜时常遇到的一个难题。对于这一点，只要了解了配料和作料的作用就可以解决了。

如“爆炒里脊丁”一菜，其标准是：主料里脊丁洁白如玉，配料豌豆粒绿如翡翠。主辅料相互映衬，令人爽心悦目。如果只是单一的白色里脊丁，这款菜就显得过于朴素，不但色泽不美，而且口味、营养价值也不及前者。由此可见，配料的作用一是丰富色彩，二是调剂口味，三是搭配营养成分。但是作为主料的猪里脊无季节性，而新鲜豌豆并不是什么时候都有的。因此，在没有豌豆的情况下就应该考虑用别的原料代替它。如黄瓜、青椒等，也是绿色的，也可以起到衬托色彩等作用，即可切丁配菜。

同样，如果弄清了各种调料的作用，在家庭不具备的条件下，亦可用它料代替。

由此可见，一般菜肴的配料和调料（在种类很多的情况下），并非一成不变，在家里学做菜，不能过于教条，不能受书本束缚，而要灵活地替代或取舍。只有这样，才能学好做菜，乐在其中。

记菜谱的规律

俗话说：“窍门满地跑，就看找不找。”烹饪技术与其他学科一样，也有捷径可求。我国的菜肴品种成千上万，如果一菜一谱地生背硬记，则必然事倍功半。那么，如何记菜谱才能事半功倍呢？

首先应从烹调方法人手。尽管菜肴种类很多，但从烹调技法上来分类，也不外乎三十几种，而家庭常用的只有十几种技法。如炒、熘、爆、炸、蒸、焖、烧、炖等。如果把成千上万种菜肴分成几十类，甚至十几类来记，就容易些了。这就要求初学者先从理论入手，找一本你认为合适的烹调技术书，先弄清各种烹调技法的概念和操作程序，有弄不清的地方，再向行家请教一下。只要你上过灶台，那么你一定运用过其中的烹调技法。这样还可通过你自己的烹调实践去体会、比较。笼统地讲，许多烹调技法之间都有一定的联系，又都有各自的规律，只有掌握了规律方能运用自如。如滑炒、滑熘、滑烹三种烹调方法之间，其共同点是：用热锅温油将上浆的主料滑开，再另炝锅，投副料后下主料，烹汁，颠翻出勺。不同点在汁中加不加淀粉上：滑烹为清汁不加淀粉；滑炒少加淀粉；滑熘则多加淀粉。如果你熟练地掌握了滑炒肉丝，那么再学滑烹、滑熘肉丝则轻而易举。

理解了烹调技法，也就为记忆菜谱奠定了基础。

其次，应举一反三，触类旁通。制作菜肴是烹调技法具体运用，一旦掌握了某一技法，弄通了操作过程，那么做到举一反三并不困难。例如，你基本掌握了生炒烹调技法，烹制清炒肉、肉炒白菜、肉炒韭菜、肉炒蒜苔、木樨肉等菜肴，一定一学即会。“烧”是比较复杂的烹调技法，如果你会做烧海参、烧鱿鱼、烧菜花等菜肴，那么再学葱烧海参、肉片烧鱿鱼、虾子菜花等菜肴也是很容易的。因为菜名的变化只体现在副料或调料的变换上，可谓万变不离其宗，基本烹调技法不变。只要掌握了几种基本烹调技法，通过不断实践，必有提高。同时，再学其他烹调技法，也容易多了。

再次，运用归类法记忆某些菜谱。有些菜肴单凭菜名是区分不出属于用哪一种烹调法制作的。凡是这类菜肴，即可归类记忆。如，属于软炸类的菜肴：软炸里脊条、凤尾大虾、燕尾大虾等。红烧范围的菜肴：红烧海参、乌龙吐珠、鸽蛋海参等。这样，只要看到第一个菜名，便知道了后面的，便于查阅、记忆。

总之，任何事物都有规律，只要弄清基本规律，入门、提高均有捷径可走。

巧记菜名和烹调法

如何记忆菜谱也是常常碰到的问题，下面就这一问题谈谈。

无论是记菜谱，还是学做菜，首先接触到的是菜名。一般菜肴的命名有以下几个特点：

①按烹调方法和主料命名；

②按调味方法和主料命名；

③按色彩、形态和所用主料命名；

④按主料和辅料命名；

⑤以烹调方法和原料的某特征命名；

⑥在主料前加上人名或地名；

⑦把所用主辅料及烹调方法等全部反映在菜名上；

⑧单纯用形象或寓意命名；等。

在熟知菜肴命名方法的前提下，还要熟悉各种原料的性质，掌握常用的烹调技法，这样记菜谱就比较容易了。

在一般情况下，动物性原料如用炒、炸、爆、熘等烹调技法时，烹调前要用葱、姜、料酒腌渍一下，用炖、焖、煮、烧等技法时，则葱、姜、酒等与原料同下锅，以除异味；含土腥味的原料（如鳝鱼等），还需加蒜泥；用海产品则一般要加点儿胡椒粉。一些鲜嫩的原料用于炸、熘、爆、炒，要挂糊上浆，一般用淀粉、食盐、蛋液等调浆。最后再根据具体菜的口味，另行加调料（有的从菜名中可以看出）。这是一般规律，掌握了这个规律，记住了菜名，即可应付一般菜肴了。

另外，从菜肴的命名来看（第八种除外），多以主料同其他原料、调料或烹调法命名的。因此，从菜名中多可看出主料是什么。这样即可根据主料的性质和成菜要求，进行加工准备。

菜谱中所写的制作过程，有的也可从菜名中略知一二。如炒菜，一般加工成片、丝、丁、条等。滑炒还要上浆、滑油；熘则要拍粉、挂糊；炸的要加工成片、丝、丁、条、块，一般也要拍粉、挂糊。如炒虾仁，主料为虾仁，烹调法为炒，成菜要求鲜嫩。所以要挂蛋清浆、滑油，加食盐、味精等调料，最后要明油装盘。

配料，有的菜名中点到了，有的未点到，但一般可根据季节等条件来灵活掌握。如清炖狮子头，初春有河蚌，可加河蚌；清明加春笋；夏季则做面筋狮子头；秋天蟹肥则做蟹粉狮子头；冬天又可用冬笋、凤鸡等。

对于用形象和寓意命名的菜肴，首先要搞清菜的主料和烹调方法，然后再根据上述方法记忆。记忆花色菜，菜名中多能看出主料，主要应记烹调法。

实用做菜经验与技巧

中国菜肴的烹调技法有三十余种，家庭常用的烹调技法也有十几种。这些烹调技法的概念和要点在许多书上都不难查到。但是，明白概念和掌握技法是两回事。而掌握烹调技法、做好菜的捷径则是掌握他人经过无数实践而得来的经验、技巧。这当中自然也有失败的教训。

怎样调味

人们日常做菜有时可以不用火，却不能不用调味料。开门七件事：柴米油盐酱醋茶，倒有四件与调味有关。可是家里做的菜往往不如饭店的好吃，主要原因是调味料少，味道变化当然就少。要想使家常菜肴丰富多采，首先要配备多种调味料，其次还需合理的调配。

番茄酱、辣酱油、咖喱粉、五香粉、桂皮、茴香、葱、姜、蒜、辣椒是断不可少的；条件好一点的还可备芝麻酱、蚝油、糟油、沙茶酱、芥末等。有了这些作料，加上平日常用的糖、盐、酱油、醋、味精、香油，味道翻新的条件就具备了。

合理的调配有两方面的内容，一个是因材施调，一个是因味施调。一些颜色洁白、具有鲜美滋味的原料，调味时调料一定要轻，最好用无色调料，使菜肴具有“天然去雕饰”的自然美。比如清蒸鱼、炒虾仁等，调料只需放一些盐和极少量的味精，除非为了换口味，一种原料用作几种吃法。一般新鲜的鱼虾都不应该用糖醋加辣椒味道浓烈的调味。反之，有些原料腥、膻味较重，烹调时就应该重用香浓、味重的调料，用浓烈的味道掩盖原料本味。牛肉、鸭子、鹅、羊肉及不新鲜的鱼，很少白烧、清蒸就是这个道理。

因味施调就是指用各种调料组合成所需要的味。现在时兴炒蟹味蛋，但，糖、醋、酱油、生姜末，其中某一种放得太多或太少，炒出的蛋就不会有“蟹”味。调料之间的合理搭配是有一定规律的，每一种基本的调料都有它本质的特征。盐是百味之本，在咸味基础上，甜、酸、鲜等其他味道才能为人接受。糖除提供甜味，还能提鲜，中和掉一些辛烈味。家常做清蒸鱼一般都不加糖，而饭店是加糖的，你可以试一下，只要加糖不超出盐的用量，味道一定更醇和鲜美。做菜太咸，加些糖有时能略减咸味，有人加味精，那就错上加错了，味精约有15%的成分是盐。用辣椒、咖喱粉调味的，一般都应加些糖，这样它们的强刺激便会减弱。酒、醋都能去腥起香，关键是让它们挥发，所以酒总是先于其他作料入锅，并且要听到“磁——”的一声才好。烹制水产品时，如果能在出锅前淋几滴醋，也能去腥起香，当然醋的最大作用还是提供酸味，解油腻。酱油味咸，并有一股生酱味，因此除非把酱油煮熟或蒸熟，一般做菜加酱油时总要加些糖。酱油的优点是比盐多了颜色并有少许鲜味，好酱油也有一定的营养成分。

作为基本调味，油常被人忽视，其实菜炒得好吃，其中一个因素就是油多。油可使菜肴肥腴润滑，家里炒青菜，多加点油，一定好吃。当然不能毫无节制地用油。

在了解各种作料的味和性之后，正式烹调前还应了解所烹之菜的标准味道，依照菜谱上的烹调程序、调味内容及各种调料之间的大致比例进行加热调味。没有把握的，还可辅之以口试目测。

做一个菜，加多少作料，即使是照菜谱，也未必能做好菜。因为菜谱是一定的，而原料质地老嫩、炉火强弱、时间长短，都是可变因素。用固定的模式来套不定的内容，无异于按图索骥。

怎样使菜肴鲜香

为使菜肴“生香”，厨师常用下面五种技法：

①借香。原料本身无香味，亦无异味，要烹制出香味，只有靠借香。如海参、鱿鱼、燕窝等诸多干货，在初加工时，历经油发、水煮，

反复漂洗，虽本身营养丰富，但所具有的挥发性香味基质甚微，故均寡而无味。菜肴的香味使只有从其他原料或调味香料中去借。

借的方法一般有二，一是用具有挥发性的辛香料炝锅，二是与禽、肉类（或其鲜汤）共同加热。具体操作时，厨师常将两种方法结合使用，可使香味更加浓郁。

②合香。原料本身虽有香味基质，但含量不足或单一，则可与其他原料或调料合烹，此为“合香”。

例如，烹制动物性原料，常要加入适量的植物性原料。这样做，不仅在营养互补方面很有益处，而且还可以使各种香味基质在加热过程中融溶、扬溢，散发出更丰富的复合香味。动物性原料中的肉鲜味挥发基质肌苷酸、谷氨酸等与植物性原料中的鲜味主体谷氨酸、一磷酸腺苷、5′-乌苷酸等，在加热时，一齐迅速分解，在挥发中产生凝集，形成具有复合香味的聚合团，也就是我们所说的合香混合体。

③点香。某些原料在加热过程中，虽有香气味产生，但不够“冲”，或根据菜肴的要求，还略有“欠缺”，此时可加入适当的原料或调味料补缀，谓之“点香”。

烹制菜肴，在出勺之前往往要滴点香油、加些香菜、葱末、姜末、胡椒粉或在菜肴装盘后撒椒盐、油烹姜丝等，即是运用这些具有挥发性香味原料或调味品，通过瞬时加热。使其香味基质迅速挥发、溢出，达到既调“香”，又调味的目的。

④裱香。一些菜肴，需要特殊的浓烈香味覆盖其表，以特殊的风味引起食者的强烈食欲。这时常用裱香这一技法。

熏肉、熏鸡、熏鱼等食品的制作，运用不同的加热手段和熏料（也称裱香料）制作而成。常用的熏料：锯末（红松）、白糖、茶叶、大米、松柏枝、香樟树叶，在加热时，产生大量的烟气。这些烟气中含有不同的香味挥发基质，如：酚类、醇类、有机酸、羰基化合物等。它们不仅能为食品带来独特的风味，而且还具有抑菌、抗氧化作用，使食品得以久存。

⑤提香。通过一定的加热时间，使菜肴原料、调料中的含香基质充

分溢出，可最大限度的利用香味素，产生最理想的香味效应，即谓之“提香”。

一般速成菜，由于原料和香辛调味料的加热时间短，再加上原料托糊、上浆等原因，原料内部的香味素并未充分溢出。而烧、焖、扒、炖、熬等需较长时间加热的菜肴，则为充分利用香味素提供了条件。实践证明，肉类及部分香辛料如花椒、大料、丁香、桂皮等调味料的加热时间，应控制在3小时以内。因为在这个时间内，各种香味物质随着加热时间延长而溢出量增加，香味也更加浓郁，但超过三小时以后，其呈味、呈香物质的挥发则趋于减弱。

所以，菜肴的提香，应视原料和调味料的质与量，来决定“提香”的时间。

生香的技法还有扬香、增香、扶香、正香等多种，与上述方法有一定差别，这里就不谈了。

如何使菜肴鲜嫩

鲜嫩是衡量大多数菜肴质量的标志之一。因为鲜嫩的菜肴最能保持原料的天然鲜美之味，不但爽口开胃，易于消化吸收，而且营养价值也相应得到了提高，所以普遍受人欢迎。

那么，如何烹调才能保持菜肴的鲜嫩呢？关键是选料得当和烹制得法。

无论是家庭，还是饭店，因菜下料容易做到。如在蔬菜上市旺季，选用各种新鲜原料，烹制出鲜嫩的菜肴，并非难事。又如，选用猪后腿肉、臀尖肉或里脊肉，用来烹制鲜嫩的炒肉丝、炒肉片，亦能办到。

但是，如果有了好原料，加工烹制不得法，也难以奏效。

菜肴的老嫩与其含水量的多少大有关系。

菜肴，特别是青菜，要做得鲜嫩爽口，不仅取决于火候，还与如何保持原料的内在水分和加盐时间有关。

火候是炒好菜的关键，也是决定青菜细胞水分流失多少的决定因素。因此，炒菜要好，必须锅热、油温高、时间短。有些菜在烹炒当中还可加少量清水，盖一下锅盖，以增大炒锅内的蒸气压，保持青菜内外的水分平衡状态，减缓青菜细胞内水分的渗出速度。

待青菜将熟出锅前再加盐，也是减少青菜水分流失的重要措施。根据溶液的“依数性”，食盐入锅后会极快地增大锅底菜内水分的“渗透压”，破坏菜内外水分的平衡状态，使菜内水分极其迅速地穿过细胞壁，进入锅内。

挂糊或上浆是保持荤菜鲜嫩的重要措施之一。上浆或挂糊是给加工后的原料穿上一件用鸡蛋、淀粉、食盐和清水调制成的“衣服”。这层衣服在烹调受热过程中，会首先凝结，包裹在原料表面，堵住了原料内部水分流失的通道，保证了成菜的鲜嫩和饱满。如牛肉，其纤维组织较粗糙，内部水分易流失，烹调过程中极易失水变老。如果上浆时多加些水（500 克牛肉片可加 250 克水，同时再加 1%的小苏打，以促使其吸收），再放入温油锅内滑散，加热至熟，成菜后即可鲜嫩。当然，对于本身鲜嫩的原料，则不需多加水和小苏打。一般上浆原料的投料比例为：家禽、家畜类的丁、条、丝、片，每 500 克需用鸡蛋 1 个或 2 个蛋清，干淀粉 35 克，水 25 克，精盐 7.5 克。鱼类的丁、条、丝、片，每 500 克需蛋清 2 个，干淀粉 25 克，精盐 7.5 克，可不加水。虾仁上浆同鱼类差不多，只是要多加点儿盐，以使其入味（因虾肉组织细密）。上浆的原料，烹制时宜多用油，油温低些，滑散至熟。如用炸、熘法烹调，则应挂糊（上浆）厚些。这样，油温虽高，仍可保持外脆内软嫩。如软炸里脊，每 500 克肉片，则用鸡蛋 2 个，面粉 75 克，不用加水。

另外，还可用水滑法烹制菜肴，同样可收到鲜嫩爽滑的效果。

水滑法是以沸水为传热体，使原料表面的蛋白质凝固，减少水分及可溶性物质外溢，从而保持了菜肴的营养价值及鲜嫩的质地。用水滑法烹制菜肴，用油少，成菜色泽鲜嫩，爽口不腻，尤宜老幼食用。

菜肴滑爽的要点

软嫩与滑爽是爆、炒、熘、烩类的中国菜最显著的特点。这类菜肴便于咀嚼，品种繁多，营养丰富，老幼皆宜。

据粗略统计，北京、四川、广东、山东、江苏、湖南、福建、安徽菜中具有软嫩滑爽这一质感的菜肴近 400 种。这类菜肴在原料上以猪、牛、羊、鸡、虾、鱼居多；味型以咸鲜、酸甜常见；烹调技法以酱爆、盐爆、油爆、滑熘、滑炒、荤烩和水氽为主。这类菜肴在制作上同其他类菜肴相比，具有以下特点：①选料严格。②刀工考究。③擅用薄浆，④过油滑肉。⑤味型多样。⑥旺火速成等等。

①选料。原料首先要求新鲜质优。要精挑细选，猪、牛、羊、鸡、鱼、虾等料，要去皮、剔骨、剥壳，皆用其净料。从宏观上看，这些原料结构组织不同，纤维粗细不一，肥瘦有别，产地各异。因此，烹制软嫩、滑爽类的菜肴，以选用纤维细嫩、结构疏松，含水量多的为宜。畜类用其里肌、通脊和细嫩的瘦肉，禽类用其脯肉，鱼虾以鲜活为佳。实践证明，凡是组织疏松，含水量多的原料就嫩，反之则老。这说明原料的老嫩与含水量多少有重要关系。比如滑炒虾仁之所以软嫩滑爽，是因为虾仁组织疏松，含水量多；炒肉片如时间过长，肉片会变得老韧，这是由于肉片失水过多的缘故。

②刀工。俗话云："旺火出嫩菜。"为适应具有软嫩滑爽质感的菜肴这一烹制特点，刀工必须跟上。要遵循整齐划一、大小相等、长短一致、薄厚均匀的原则。经刀工成形的原料，形态要以细、薄、小为主。如薄片、细丝、小丁、糜粒等。自然形态小的原料，如虾仁才可用其原形。反之，火候就不易调节，生熟老嫩不一的现象也就不可避免地出现了。

③上浆。所谓"上浆"，就是给刀工成形的原料附着由淀粉、鸡蛋、盐、水等调成的黏性保护衣。这层保护衣遇热凝结，从而保持了原料中的水分和其他营养成分。

细究依附在原料上的淀粉、盐、水和鸡蛋，又分别起着各自的作用：淀粉遇热糊化，表现出糊的黏性，紧紧依附在原料上。鸡蛋遇热凝固，它与淀粉的相互作用便形成了保护层，这就使原料内的水分不致因遇高温而溢出。加盐是为了确定"基本味"，有助于盐分渗入主料内。且适量的盐能使原料中的蛋白质得以轻微凝固，减缓肌肉组织在遇热时的迅速缩合。

④滑油。所谓"滑油"，就是把原料放入多量的油中滑散，视原料

断生后捞出。这道工序是决定成品菜老嫩的关键。在滑油过程中，有两个值得注意的问题：一是油温的控制，二是原料遇热后的变化。油温不可过高，一般以旺火温油为宜。油温也不要过低，低则会使附着在原料上的浆衣脱落，失去上浆的作用，滑油所用的油温，应在四、五成热，此称“温油锅”，即油温在 100~150℃之间。其直观特征是：无青烟，无响声，油面较为平静。原料通过油的传导作用，体积膨胀，肉色也由红变白。这是确保菜肴软嫩滑爽的最佳火候和时机，应及时将原料捞出，脱离高温环境。一旦错过此时，由于原料在高温下脱水过多，必然会由膨胀向收缩转化，口感发柴，咀嚼不烂。这类菜肴，也有采用作用与滑油相同的汆法处理的，即用沸水汆料、一滚即成的方法使原料断生。刀工成形以片、丝为主，有上浆和不上浆之分。操作时，将汤或水烧沸，再分散投入原料，一滚即起。火力过大，投料稍迟，就可能使原料质地老化；火力过小，原料受热时间短，汆不透，又会出现夹生现象。火候掌握的时机是：在汤似滚未滚之际投料。掌握好汤与料的比例也很重要，汤多料少，肉质易老；汤少料多，原料易夹生，一般汤与料的比例以五比一为宜。

总之，菜肴的软嫩与滑爽，涉及到选料、刀工、加热等多道工序。只有环环相扣，一鼓作气，才能使做出的的菜肴达到预想的标准。这除了了解上述知识以外，还要在实践中不断摸索，才能达到运用自如的程度。

跳交谊舞

交谊舞，也叫交际舞、社交舞，是一种国际性的社交舞蹈。用肖伯纳的话来说，参加这种社交性的舞会，就是“用脚去交际”。

交谊舞最早起源于欧洲，在古老民间舞蹈的基础上发展演变而成。自十六、十七世纪起，交谊舞已在欧洲各国成为一种普遍的社交活动，故有“世界语言”之称。到二十世纪二十年代以后，交谊舞在世界各地风行起来，所以又称它为“国际舞”。

交谊舞将艺术、娱乐和体育融为一体。它具有“三性一美”的特性，即抒情性、娱乐性、社交性和形式美。

人们在紧张的工作、学习之余，或是在欢度节假日期间，在悠扬悦耳的乐曲声中，翩翩起舞，不仅可以消除疲劳，陶冶情操，增添欢乐气氛，增进新老朋友及同志间的友谊；又可以使人们得到音乐的薰陶，美的享受和文明礼貌的培养。因此，跳交谊舞是一种积极的休息方式和很好的社交活动以及有益的文娱活动。

此外，交谊舞可以活动筋骨，具有保健功能。比如，它能起到增强心肺功能，调节新陈代谢，平衡人体节律和安神醒脑等作用，因此，跳交谊舞还是一种有益于身体健康的体育活动。

交谊舞常识

参加交谊舞会的注意事项

交谊舞是人们增进交往和友谊的娱乐活动，为使交谊舞会开得健康、愉快，我们应注意以下几点：

1. 参加舞会时服装要整洁、大方，讲究仪容，注意风度。

2. 要讲文明，懂礼貌；切忌高声怪调、口出污言秽语；酒后不可跳舞，否则，酒气喷人，惹人讨厌。

3. 在舞会上不要争抢坐位，不要在室内吸烟，随地吐痰，乱丢果壳纸屑，应注意环境幽雅和整洁。

4. 邀请别人跳舞，要讲究礼仪，一般是男伴请女伴，通常第一个舞及最后一个舞，应该请自己带来的舞伴跳。

当音乐奏起后，男伴走到女伴面前，向女伴鞠躬，并轻声地说："请您跳舞？"如女伴点头，表示同意，起身离座。男伴陪女伴走入舞池，翩翩起舞。

如女伴已答应和别人跳某一曲舞，则可向男伴表示歉意地说："对不起，已经有人邀请我跳了，下一曲再和你跳吧。"

一般说来，女伴尽可能不要谢绝别人的邀请。如果女伴表示谢绝，则可以说："对不起，我累了，想休息一下。"在这种情况下，男伴便不能强求女伴了。

邀请舞伴时，须观察一下对方的情况，不要几个人同时去抢邀一个舞伴。

5. 跳舞时，男女双方的动作要大方得体，切忌故弄技巧；同时，不能戴帽、叼烟或高声笑谈，否则，自然会引起对方的反感。

6. 音乐结束，退出舞池，男伴应把女伴送到她原来的座位，待女伴坐好后，再点头致谢，然后，方可离开。

跳舞姿势。跳交谊舞应有个正确、健康而优美的姿势。要端正、大方、自然，切忌故作姿态，做出奇形怪状的样了，惹人反感。

舞姿大致可分为基本舞姿、同向舞姿、旋转舞姿、脱手舞姿四种。

1. 基本舞姿：基本舞姿是指在开步前就应正确做到的姿势。各种不同的舞步，除了伦巴舞、迪斯科等较特殊的舞种外，大多由基本舞姿同其他三种舞姿配合而成。正确的基本舞姿应注意如下几点：

（1）身体姿势：男女舞伴相对偏左而立，即女伴偏立于男伴右方，男伴也偏立于女伴右方，相偏的距离大约为一两寸，这样男女舞伴都可从对方右肩上方平视前方。双方身体自然直立，脸偏对，两肩自然平行，双方胸部的距离大约为 4 寸。从头部至胸部，可稍向后仰。两腿并立，两膝放松，脚尖相对。

（2）手的姿势：①男右手：男子主动伸出右手，用手掌扶住女伴左后腰上端部分；也可用右手大姆指背和小臂内侧轻轻贴靠住女伴左后腰上端部分。②男左手：男子用左手轻轻握住女伴右手，手臂不要伸得太直，应稍微弯曲一点，握手的高度约在男子的耳垂处。掌心斜向地面，拇指和四指分开。还有一种姿势是左手半握，手指略为扣住女伴四指的第一关节处。切忌满把紧抓女方右手、手腕，或压住女方的手掌。③女左手：在男子用手扶女伴腰的同时，女伴应将左手搭在男子肩上。④女右手：女伴接着将右手抬起，掌心斜向下递给男伴。手的高度大致和肩平行，也可偏上一点，不宜太高或太低。手的姿势一种是把手放在男伴左手虎口间，另一种是把四指指尖放在男伴掌心处。

（3）跳时姿势：在作跳舞准备姿势时，男子为表示礼貌和谦让，应背向舞池而立，起跳时，左脚后退一步，尔后引导女伴起舞。跳舞时，腿基本保持平直状态，不能弯腿跳，也不能象平常走路。双方进退出脚时，脚掌必须擦地而行。男女无论是进还是退，脚步一定要下正、直，不能走成八字步。

2. 同向舞姿：同向舞姿即双方在同一方向运步。这种同向舞步用于慢四步舞和伦巴舞、慢三步舞的变化舞步中。在探戈舞中，同向舞步作为探戈的特定舞步出现。在男女双方都向同一个方向运步时，不仅要做到互相默契配合，而且还要讲究形体线条的美观。在左同向步中，男子向左进行 90°转，女伴向右 90°转，各以外侧脚带步前行，即男子运左脚，女伴运右脚，或男子运右脚，女伴运左脚，平列平行，这也是探戈舞中的特定舞步。跳这种舞步，男子左肩与女伴左肩并列，双肩要求平伏，腿从髋关节以下抬起挺直，脚背抬起与脚尖成一直线。男子右肘（右同向步相反）可稍向后抬起，胸部有仰挺的姿势，双方腰部都应微向左右斜倾。同向舞姿的主要特点是身体挺拔潇洒，始终在有线条的姿势中运步。

3. 旋转舞姿：三步舞中，以旋转为主要步法。旋转的度数有 180°、360°等。上身应微向前倾，这样可以在不断旋转时保持一定的速度和平衡。旋转舞姿要求男女双方密切配合，男子右手要在旋转中起保护和控制女伴身体倾斜的作用。

4. 脱手舞姿：在仑巴舞、二步舞和迪斯科舞及其他舞种的变化舞步中，男女双方有很多脱手对舞的动作。在脱手对舞时，往往以女伴的表情演示为主，而男子起主导作用。这就要求双方默契而有机的配合，包括眼神、脸部表情、手势等。

伴带技巧。在跳交谊舞中，男子处在主导地位，主动伴带女伴起舞，女伴则处于跟随地位，默契配合。

男子伴带女伴的方法，主要是用手来表示的。如须向左转时，用左手稍向自己身体方向轻拉女伴右手，同时，用右手稍向左边轻推女伴腰部。如要向右转时，则用左手轻推女舞伴右手，同时，用右手稍向右边轻拉女伴腰部。假如跳三步连续转圈，或跳四步转 180°等舞步，则男子用手的暗示力量须更大些。如在探戈舞中同步前进时（当时男子左手和女伴右手都已脱手），男子可用手作出请的姿势，带舞前进。如要女伴前进一步，然后进行脱手 180°右转，可先用右手指稍用力轻按，使对方理会自己要退一步的意思，再用右手腕向左侧轻按，左手脱手，使女伴有一个明确的 180°右转感觉，而配合完成设计的舞步要求。在伦巴舞、二步舞中，几乎大部或全部是用手的暗示来伴带的。另外，如遇到前方或后方有人阻碍而不能前进和后退时，男子可用右手轻按，再配以左手的轻推或轻拉，以避免与其他舞伴碰撞。女伴也并非完全被动，除了要很敏锐地感应男伴的舞步动向和示意，来及时变换自己的方向或舞步外，如发现男伴在作后退舞步要碰及其他舞伴时，也应用左手轻拉男伴肩背部，使其从容避让。

运步技巧。掌握运步技巧，是跳好交谊舞的关键。

交谊舞的正确运步应该是：

1. 稍抬起脚背。

2. 由脚尖起脚掌触地。

3. 在后脚跨出的瞬间由前脚掌移一部分支点到脚踵。

4. 另一只脚接着运步。

此外，还必须掌握安排好双方的重心支点。在前进和后退时，如一只脚的支点是放在前脚掌，那么另一只脚的支点应放在脚踵。转换支点的方式，有如下几种：

1. 双前脚掌互换支点：双脚都用前脚掌进行运步，这种双前支点多用于快速舞步的变化运行，如快狐步舞中的狐步左平行。

由于每一拍都是一个快步，故在连贯调换双脚时，都应用左右脚的前脚掌作为支点互相替换，这样既达到平行时的速度要求，又兼顾了双脚灵活的交替运步。

2. 一掌一踵互换支点：这种一掌一踵互换支点的运步，一般用于慢四步，以保持身体的平衡。

3. 双脚由前脚掌移至脚踵互换支点：在中速舞步和一些特定舞步（如探戈舞）中，多以前脚掌先触地，然后移至脚踵，再由另一只脚运步。在掌移踵的过程中，表现出大方潇洒的风度。

4. 双脚不分掌踵同时触地互换支点：这种脚掌脚踵不太明显分开的支点，多用于快狐步舞和二步舞，在二步舞的乐曲声中，如果完全按照走路时运步的规律来跳，就会把二步舞跳得无精打彩，而且在快速的舞曲中来不及转换步子而脱拍，所以要不分掌踵地同时触地，左右互换支点。

另外，在有些特定舞步如探戈舞和伦巴舞的舞步中，有时也要用这种支点方式来运步，以增加气氛。

（五）脚掌脚踵自由互换支点：在有些比较快和旋转性强的舞步中，由于左转、右转，45°、360°等的旋转连贯结合，双脚作灵活的互换支点是必要的，快三步舞就有好几种互换支点的跳法。

掌握以上介绍的五种运步支点方法后，还必须注意身体各部分如腰部和双膝等的相互配合，这样才能使支点正确转换。有的人舞步僵硬，旋转不灵活，往往是重心没有跟随运步而移动之故。

运行程向。在人潮如涌的舞池中，要能做到双双对对翩翩起舞而秩序井然，互不碰撞，除了跳舞者必须有熟练的舞技外，非常重要的是跳舞者必须按照统一的运行路程和方向来运步。交谊舞的运行总程向应该是逆时针从左往右运行。

在这个总的运行程向的舞步运行中，可以按自己站立的地点为准轴，选择八个舞程方向进行变化舞步的运步。

这八个变化舞步所需的运行方向，一般称之为“回旋余地”。跳舞者可在总的运行程向的约束下，在这“回旋余地”中进行调节，变化舞步。

交谊舞舞步

三步舞（华尔兹）

三步舞通称“华尔兹”，是一种三拍子舞蹈。分为快三步，中三步和慢三步。快三步以旋转为主，中间可穿插一些不转圈的交叉步或简单的进退步、并行步作为调节。中三步、慢三步的步法与快三步基本相同，只是速度不同。3/4 拍的节奏第一拍是重拍，二、三拍是轻拍。三步舞步的并奏即 1—2—3，1—2—3，……，每一个 3/4 拍（1—2—3—迈三步为一组，转半圈，再跳一个 3/4 拍（1—2—3）转一圈。三步舞开始的第一步，规定是男左女右，但接下去的每一组舞步的第一步都是左右交替的。

1. 三步舞的基本步法

（1）旋转步：这个步法一般有两组舞步组成，因为每一组舞步只能旋转 180°，两组才能达到 360°，根据变化需要，也可只做一组。

步法：男方左脚向左前方迈落第一步的同时向左旋转 180°，（第一步迈得大些）第二、第三步在原地轻踏（此为第一组），接着是第二组的第一步右脚向正后方落的同时再顺势继续向左旋转 180°，随后再原地两步轻踏。女方相应随同。（注：图中白色脚印为男方，黑色脚印为女方）。

按这个步法，只需把脚步和方向相反，便可向右旋转。三步舞也可男退女进。旋转步一般绕圈进行，也可直线进行。

为了转圈方便，无论男女哪方，在向前转圈时，最后两小步并脚要以前脚掌为轴，把身体重心落在前脚掌上；向后倒退转圈时，最后两小步并脚；身体重心落在转动脚的轴心上，同时上身稍后仰，以便同对方保持平衡，互相牵引，带动对方转到位置上。

（2）交叉法：步法类似四步舞中的交叉步，但较之简单。交叉步可以任意的前后交叉。

（3）进退步：既可三拍步，也可每三拍做一次并步，左右脚交替。步法：男方左脚进一步，女方退右腿，二三步原地轻踏并步。男退女进，方向相反，步法相同。

2. 慢三步（慢华尔兹）的基本舞步

（1）走步：舞者利用前掌贴着地面前伴，向左右或后退的一种在行走基础上的舞步。要求：舞步要长，膝盖要直要稳。

（2）旋转：是姿态最美、技巧最高、难度最大的舞步，根据不同的舞步要求，合好节奏，身体要灵活自如，旋转时步子要踩死，保持上下身的协调，行进中旋转时，脚一上步就转，以免节奏快时转不到位，或发生拧、扭等丑态。

（3）荡步：第一，前后移重心荡步。左脚往后退重心至左（或踏步式）上升。右脚在原位踏下，重心移至右脚；将左脚向旁抬起，身体略向上升，形成前后荡的姿态。第二，换脚荡步。将左脚向旁抬起，身体略向上升，经右脚前面落地换右脚向旁抬起，身体略向上升。经左脚前面落地，形成换脚荡步的姿态。

（4）曲折步：舞者走一“之”字形的路线。

（5）方块步：每一小节走一直角，人身方向不变。

（6）转体换步：面对右前方进一步退一步，立刻面转向对左前方进一步退一步，并可相反做。

(7) 180°左转后退步：右脚做180°左转进一步，接着左脚做180°左转进一步，然后右脚稍相并；左脚向右后退一步，右脚向左横退一步，左脚稍相并。

(8) 前进靠步：上一步靠一步。即“蓬”上左脚，“嚓”横迈右脚，“嚓”左脚向右脚并拢。

3. 快三步（快华尔兹）的基本舞步

快华尔兹的许多舞步同慢华尔兹相同，只是速度快，步伐不太复杂。快华尔兹一般有三种跳法：第一种跳三步，即一大步两小步（前进靠步）；“蓬”上右脚，“嚓”上左脚，“嚓”上右脚。第二种跳两步，即一大步一小步（踌躇步）；“蓬”上左脚，“嚓嚓”上右脚。第三种跳一大步，即一大步（后换步）；“蓬嚓嚓”上一步或退一步，也可左一步、右一步，也可旋转。下面是快华尔兹的三种舞：一是180°右旋转。二是90°双旋转。三是逆时针四角旋转。

四步舞

四步舞又称“狐步舞”，分快四步、中四步（福克斯）、慢四步（布鲁斯）三种。快四步的步法较简单，但因节奏快，要求舞步灵巧、轻快；中四步节奏平稳，步法与快四步大体相同；慢四步的步法多变，幅度较大。

初学者应先练中四步。中四步跳熟了，快四步的灵巧自然而成，之后再学习慢四步也就有了基础。快、中、慢三种舞步虽然有不同之处，但都可以按中四步的步法跳。2/4拍、4/4拍的乐曲都是一拍重，一拍轻（1、2），男女双方进退都是每一个一、二节奏迈一步。

1. 四步舞的基本步法

(1) **准备步**。双方相对而立，保持一定距离（二人脚尖部位互相接近，而又保持身体自然直立为准）。男同志从女同志右肩上方平视前方，左臂向左侧举起，左手略高于肩，轻握女伴右手，以右手掌扶贴女同志后背中心。女同志从男同志的右肩上方平视前方，左手轻按男同志右肩，右手轻托在男同志手中，体重落在脚掌上，但上身不要倾向前方。站位后，等听清楚乐曲的节奏后，由男同志主动移步，女同志始终处于伴随地位，不要主动移步。

（2）**正前步**。第一拍，男方左脚向正前方迈一步，女方右脚相应向正后方退一步；第二拍，男方右脚向前迈一步，女方左脚后退一步；第三拍的前半拍，男方左脚前一步，后半拍，右脚跟上和左脚并步。女方相随而行。（注：图中白色脚印为男方，黑色脚印为女方，虚线为靠步路线，号数为步序，以下各图均同）。

（3）**正后步**。第一拍，男方右脚向正后方退一步；女方左脚相应向正前方进一步；第二拍，男方左脚后退一步，女方右脚前迈一步；第三拍的前半拍，男方右脚后退一步，后半拍，左脚和右脚并步。女方相随而行。

（4）**左侧步**。第一，男方左脚向左侧前方 45°迈出第一步，右脚接着向前迈第二步，落地后向右转 45°，同时第三、第四步向左侧方并步。女方随男方侧退并步；第二，男方向左侧退第一步，右脚接着退第二步，落地后向左转 45°，同时第三、四步向左侧方并步。

（5）**右侧步**。第一，男方进步时，向右侧方进步，女方随退；第二，男方退步时，向右侧方后退步，女方随进。

（6）**交叉步**。男方第一步向右侧方退步，第二步又转向左后侧方退步，第三、四步再转向右后侧方连续后退两步，这样连续曲折变化，使步法路线形成个“之”字形。女方随男方并步。

2. **福克斯**。在福克斯中，有慢和快的两种，俗称中四步和快四步。常步和三步是主要的基本舞步，很多的步法是由它组成。跳不好福克斯的人，往往将布鲁斯的舞步加快些速度，来配合福克斯的音乐。

音乐节拍是 4/4，速度每分钟约奏 28~48 小节，乐律没有布鲁斯重而明显，但也是一强一弱，每逢第一、第三拍是重音即“蓬”，第二、第四拍是轻音即“嚓”。

慢步——蓬、嚓——二拍。

快步——蓬——一拍。

快步——嚓——一拍。

福克斯的风格是幽婉恬静、文雅安祥、轻柔洒脱。

福克斯基本步

（1）**90 度转身步**：跳法说明：

男伴①左足前进一大常步。

②右足前进一大常步，右转。

③左足左横一小旁步。

④左足随之并步。

⑤左足后退一大常步，右转。

⑥右足后退一大常步。

⑦左足左横一小旁步。

⑧右足跟左转，随之并步。

⑨左足前进一大常步。

女伴动作相反。

（2）**左转步**。跳法说明：

男伴①左足前进一大常步，左转。

②右足右横一小旁步，续左转。

③左足后退一小常步。

④右足后退一大常步，左转。

⑤左足左横一小旁步。

⑥右足前进一左边步。

⑦左足前进一大常步。

女伴动作相反。

（3）**右转步**。跳法说明：

男伴①右足前进一大常步，右转。

②左足左横一小旁步，续右转。

③右足后退一小常步。

④左足后退一小常步，足跟右转。

⑤右足拖后，右横一小旁步，续右转，重心在右足。

⑥左足前进一大常步。

女伴动作相反。

(4) **曲折步**。跳法说明：

男伴①左足前进一大常步，左转。

②右足后退一大常步，右转。

③左足后退一大常步，右转。

④左足续右转，右足随之并步。

⑤左足贴近右足，前进一大常步。

女伴动作相反。

(5) **交叉步**。跳法说明：

男伴①右足左前方一左边步。

②左足前进一大常步。

③右足前进一小常步，交叉在左足后面。

④左足前进一大常步。

⑤右足前进一大常步。

女伴动作相反。

(6) **右轴转步**。跳法说明：

男伴①右足左横一小旁步。

②左足左横一小旁步。

③续右转，左足随之并步。

④左足后退一大常步，足趾右转。

⑤右足前进一大常步。

女伴动作相反。

(7) **福克斯连接步**：例：1. 90 度转身步，3. 右转步由它们组成的连接步。4. 曲折步，5. 交叉步，6. 右轴转步，2. 左转步，只是“3. 右转步”的第六步和“4. 曲折步”的第一步结合起来跳。“5. 交叉步”的第五步和“6. 右轴转步”的第一步结合起来跳。

学者亦可根据以上六种步子自由组织连接步。

3. **布鲁斯**。布鲁斯一般是慢的四拍子，跳缓慢的四个步子，所以普通称为慢四步。

布鲁斯的基本步是常步和并步，其余步法几乎从这两个步法中脱胎出来，每跳四步有横走一个并步的基本要求。音乐节拍为 4/4，速度每分钟约奏 26~38 小节，音律是一强一弱，每逢前一拍是重音“蓬，”后一拍是轻音即“嚓”。

慢步——蓬、嚓——二拍。

快步——蓬——一拍。

快步——嚓——一拍。

布鲁斯的风格是平稳大方，温柔从容，悠娴轻适。

布鲁斯基本步：

（1）90°**转身法**。跳法说明：

男伴①左足前进一大常步。

②右足前进一大常步，开始右转。

③左足前进右转，共转 90°。

④右足随之并步。

⑤左足后退一大常步。

⑥右足后退一大常步，开始左转。

⑦左足后退左转，共转 90°。

⑧右足随之并步。

女伴动作相反。

（2）**横步**。跳法说明：

男伴①左足右横一大旁步。

②右足左方一左边步。

女伴动作相反

（3）**原地右转** 180°。跳法说明：

男伴①左足左后方斜退。

②右足跟原地右转。

③左足左横一小旁步，共右转 180°。

④右足随之并步。

女伴动作相反。

(4) **右横并刷步**。跳法说明：

男伴①左足右前一大边步。

②右足右横一小旁步。

③左足随之并步。

④右足右横一小旁步。

⑤左足轻刷右足，前进一大常步。

女伴动作相反。

(5) **交叉步**。跳法说明：

男伴①左足前进一大常步。

②右足右横一小旁步。

③左足随之并步。

④右足前进一左边步。

女伴动作相反。

(6) **左转步**。跳法说明：

男伴①左足前进一大常步，左转。

②右足前进一旁步，续左转。

③左足随之并步，共左转 135°。

④右足后退一大常步，左转。

⑤左足后退一小旁步，续左转。

⑥右足随之并步，共左转 135°。

⑦左足前进一大常步。

女伴动作相反。

4. **布鲁斯接步**。可以按基本步的顺序组合，即 1. 2. 3. 4. 5. 6 的接着跳。只是跳“3. 原地右转 180°”后，重复再跳一遍，以便转回原来前进的方向。在跳“4. 右横并刷步”时，将末了一步的左足，当作一个基本步“5. 交叉步”第一步，或者在最后右足再前进一步，与左足并步，这样来换足，以便左足从头开始。

以上介绍一种连接步，学者亦可将六种基本步自由编排成连接步。

探　戈

探戈舞的式样很多，有阿根廷式、法国式、意大利式、西班牙式、美国式等舞步。各种探戈都有特殊的节奏，常见的舞步节奏有：

四步：慢—慢—快—快

四步：慢—快—快—慢

四步：慢—慢—慢—慢

四步：快—快—快—快

三步：快—快—慢

五步：慢—慢—快—快—慢

六步：慢—快—快—慢—快—快

八步：快—快—快—快—快—快—快—快

此外，不同的探戈舞步还可以根据情况临时加入一步或两步。

1. **探戈的基本舞步**

（1）**三步侧进步**。三步侧进步的节奏是快快—慢。每四拍音乐完成一个舞步，然后换脚。第一个三步以左脚起步，第二个三步以右脚起步，然后依次轮换。三步侧进步如果男伴以左脚起步，称为左步侧进步，右脚起步称为右步侧进步。与之相对应的侧步可由侧进变来，男伴的左脚起步称为左步侧退步，男伴的右脚起步则称右步侧退步。

（2）**四步基本步**。四步基本步的节奏是慢—慢—快快。男伴左脚起步，女伴右脚起步，每一组舞步都是如此，四组舞步就可以走成一个漂亮的圆圈。

（3）**三步收步**。三步收步的基本节奏是快快—慢。男伴先出右脚向左方跨一步，接着左脚向左侧横跨一步，然后右脚向左脚并步。

（4）**四步收步**。四步收步的基本节奏是慢—快快—慢。男伴要先出左脚向左侧跨一步，然后右脚跨到左脚左前方，紧接着左脚向左横跨一步，最后右脚向左脚并步。

（5）**五步基本步**。五步基本步的节奏是慢—慢——快快—慢。每走完一组舞步便要换脚起步。

伦　巴

伦巴舞可以做闭式舞姿，握持的两手前臂相靠，在做左右侧俯仰动作时，臂部可以随身体上下摆动。也可做开式单携手或交叉双携手舞姿，也有不牵手的。伦巴舞步的动作幅度小，特点是两胯轮流撑动，上体比较自由。男女相距约 50 厘米。女方身体略倾向后。男女舞者动作相同，相互合作浑同一体。

（1）**左右侧步**。不论左脚开始向左，还是右脚开始向右，第四步总是点步。

(2) **闭位左转、右转。**用以上步法在每两拍中向左或向右徐徐转变方向，每次转动角度宜小不宜大。

(3) **开位拉手、脚尖前点步、后点步，转身**360°。动作是在第一个四拍时间前，第二个四拍后退，第三个四拍向前，第四个四拍边后退，边向反方向转身360°。

(4) **男回女绕、倒退步一周。**原来相执的右手再互相抻拉一下，之后松开，改为右手和右手高举相握，左手和左手平肩高相握，男女同向站立。然后以女舞者为圆心，男舞者倒退回行两个四拍，再变成以男舞者为圆心，女舞者倒退绕行两个四拍。

吉特巴

吉特巴舞在我国被称为“水兵舞”。跳时男伴左手手心朝上握住女伴的右手，而右手则轻扶女伴腰侧。这种舞开始改变了领舞者和伴舞者的关系，不再是领舞者指挥，伴舞者随从，主要在于两人的即兴配合。

(1) **基本节奏。**｜慢、慢、快、快｜，一般为“三点步。走完这个“三点步”后，男、女各自相反转身一周。

(2) **西班牙式拥抱。**男女舞者对立携双手，女舞者转身时，举手从上绕过，然后成开位，与男舞者同方向并立，轻靠在男舞者肘部。再反方向转身，同样举手从头上绕过，在男舞者的另一侧成开位并立。

（3）**抽陀螺**。在走“三点步”的第二循环动作第一步时，男舞者右手轻推女舞者腰部，两人成闭位，同时男舞者左脚随腰部下沉，踏地较重，示意女舞者做好旋转准备。在 | 0234 | 的节奏中，女舞者以右脚前掌为轴心，向右转一圈，在下一小节时继续和男舞伴同走“三点步”。